BOLLERA Y MAMARRACHA

EDITORIAL CÁNTICO
COLECCIÓN · CULPABLES
DIRIGIDA POR RODRIGO GARCÍA MARINA

cantico.es · @canticoed

Suscríbete a nuestro blog en

 @canticoed

© Teresa Gispert, 2025
© Editorial Almuzara S.L., 2025
Editorial Cántico
Parque Logístico de Córdoba
Carretera de Palma del Río, km. 4
14005 Córdoba
© Fotografía de autora: Tatiana Casado de Staritzky
© Intervención gráfica sobre la fotografía: Dani Vera, 2025

ISBN: 978-84-10288-79-9
Depósito legal: CO 1131-2025

Impresión y encuadernación:
Gómez Aparicio Grupo Gráfico

TERESA GISPERT

BOLLERA Y MAMARRACHA

EL MONSTRUO LESBIANO CONTRA LA
MAQUINARIA CISHETEROPATRIARCAL

III PREMIO DE TEORÍAS QUEER Y CRIP
SONIA RESCALVO ZAFRA

EDITORIAL CÁNTICO
COLECCIÓN · CULPABLES

SOBRE LA AUTORA

Nacida y residente en Mallorca, soy profesora de secundaria y Máster en Estudios Culturales y Artes Visuales. Como miembro activo de una organización LGTBIQ+, he centrado parte de mi investigación en las realidades de las lesbianas mayores, particularmente aquellas con apariencia masculina, explorando sus historias y experiencias. El estudio "Redes informales de apoyo entre mujeres lesbianas mayores", realizado junto a Tatiana Casado de Staritzky, ganó la segunda edición del Premio Empar Pineda en 2023 (Fundación 26 de Diciembre). Apasionada por la escritura, he publicado poemas y relatos en diversas revistas.

Acta del jurado de la III edición del Premio de Teorías Queer y Crip Sonia Rescalvo Zafra

En Córdoba, a 30 de abril de 2025, en la sede de la Fundación Antonio Gala para Jóvenes Creadores, se reúne el jurado del III Premio de Teoría Queer y Crip Sonia Rescalvo Zafra, compuesto por:

- Carmen Moreno, editora y autora de *La copla Queer*

- Victoria García, editora y poeta

- Pedro Ramos, ganador de la segunda edición del premio con su obra *Yo soy esa*

- Raúl Alonso, impulsor del premio, editor y poeta

Tras la deliberación correspondiente, el jurado ha decidido por unanimidad otorgar el III Premio de Teoría Queer y Crip Sonia Rescalvo Zafra a la obra presentada, destacando los siguientes valores y aportaciones:

1. La obra constituye una contribución fundamental al debate queer contemporáneo al visibilizar y reivindicar la experiencia de las mujeres lesbianas mayores de 50 años, un colectivo frecuentemente invisibilizado tanto dentro como fuera de los espacios LGBTIQ+.

2. El texto destaca por su tono celebrativo y resiliente, alejándose de narrativas victimistas para ofrecer una mirada empoderada sobre las trayectorias vitales de estas mujeres, reconociendo sus luchas históricas y

su papel como transmisoras de memoria y referentes intergeneracionales.

3. El jurado valora especialmente la profundidad con que la obra aborda la importancia de las comunidades afectivas y las redes de amistad como espacios de resistencia, cuidado mutuo y autoafirmación de valores disidentes frente a las estructuras heteronormativas dominantes.

4. Se reconoce la calidad de la investigación realizada, que combina rigor académico con una escritura accesible, generando un texto polifónico que enriquece el corpus teórico queer desde una perspectiva situada e interseccional.

5. La obra contribuye a ampliar los horizontes de la teoría queer y crip al incorporar reflexiones sobre el envejecimiento, la soledad no deseada, y las formas alternativas de convivencia y cuidados que estas mujeres han desarrollado a lo largo de sus vidas.

Por todo ello, el jurado considera que esta obra merece el reconocimiento del III Premio de Teoría Queer y Crip Sonia Rescalvo Zafra, por su contribución a la visibilización de realidades diversas dentro del colectivo LGBTIQ+ y por su potencial transformador del imaginario social en torno a las disidencias sexuales y de género. Asimismo decide declarar finalista con edición de la obra al ensayo *Gay lo justo*, de Álvaro Domínguez.

NOTAS PREVIAS

1. Todas las imágenes son propias, caseras, y sin ánimo artístico.
2. Los textos originales en otros idiomas se han traducido al castellano para facilitar la lectura.
3. Se usan terminaciones torcidas para el género, ya sea el femenino, -e, u otras variantes.
4. A veces escribo desde afuera y hablo de "ellas", a veces lo hago desde adentro, y se me cuelan los "nosotras", "somos", etc. Es inevitable, para mí, ser partícipe de esta historia. Porque también es mía.

SUJETOS MAMARRACHOS:
UNA GENEALOGÍA DE LO ABYECTO

Escribo esto desde la fealdad, y para las feas, las viejas, las camioneras, las frígidas, las mal folladas, las infollables, las histéricas, las taradas, todas las excluidas del gran mercado de la buena chica. Y empiezo por aquí para que las cosas queden claras: no me disculpo de nada, ni vengo a quejarme.

VIRGINIE DESPENTES

En un mundo obsesionado con la optimización, el control y la vigilancia, los actos que incluyen el humor, la risa, la locura y lo abyecto irrumpen como un gesto de emancipación, un momento de libertad que desactiva temporalmente las normas opresivas que rigen el comportamiento individual y colectivo. La risa y la irreverencia permiten desarmar la seriedad impuesta por las estructuras de poder, cuestionando su legitimidad y debilitando su control. La locura y el juego, lejos de ser elementos marginales, se convierten en prácticas esenciales para la reconfiguración de lo posible, permitiendo la emergencia de nuevas subjetividades y formas de habitar el mundo. En este contexto, el sujeto mamarracho y sus actos abren una grieta en la aparente solidez del mundo normativo. Su existencia nos invita a repensar el valor de lo incoherente, lo absurdo y lo defectuoso, no como aspectos a corregir, sino como estrategias para imaginar otras maneras de habitar la realidad. En tiempos donde el control y la productividad rigen nuestras vidas, el sujeto mamarracho se convierte en una figura esencial para la resistencia, la alegría y la posibilidad de un cambio radical.

La palabra "mamarracho" a menudo se utiliza como insulto o para mostrar desprecio, sugiriendo que la persona es incompetente o de poca valía. Aunque difícilmente encontramos acepciones positivas, tiene también otros usos más neutrales dependiendo del contexto. Así, se utiliza para describir algo que resulta grotesco, desordenado, ridículo o de escasa calidad. Cuando se aplica a una persona, nos referiremos a alguien torpe, con un comportamiento absurdo o frívolo, y de aspecto poco convencional o desaliñado. Igualmente, el sujeto mamarracho es aquel que no encaja perfectamente en los esquemas de género tradicionales y, a menudo, habita un espacio de ambigüedad. En este sentido, podemos afirmar que determinados sujetos son mamarrachos porque encarnan una resistencia a las construcciones normativas y cuestionan los pilares de lo que se considera real, objetivo y socialmente válido.

La realidad y la objetividad han sido siempre fuente de intensos debates en diversas corrientes filosóficas[1], cada

---

1 A modo de esquema, el constructivismo social, con Peter L. Berger y Thomas Luckmann como teóricos fundacionales, sostiene que la realidad no es una entidad independiente y fija, sino que se construye socialmente a través del lenguaje, las interacciones humanas y las estructuras culturales. Sin negar la existencia de una realidad material, el constructivismo sugiere que aquello que asumimos como objetivo es producto de un acuerdo colectivo y, por tanto, carente de sentido fuera del contexto social que lo legitima. Para la filosofía existencialista (Sartre, Heidegger), la existencia humana carece de un significado intrínseco: son los propios individuos quienes deben asignar significado a sus vidas de manera personal y subjetiva, de tal manera que la vida podría considerarse una especie de narrativa que cada individuo construye. También la teoría de la ficción como realidad social destaca la naturaleza provisional y funcional de la objetividad. Autores como Hans Vaihinger proponen que muchas ideas consideradas reales son, en última instancia, ficciones útiles que funcionan como herramientas prácticas para navegar por el mundo. Finalmente, los enfoques posmodernos (Derrida, Foucault) han cuestionado la idea de una verdad objetiva y única. La fragmentación, la multiplicidad y el contexto son

una ofreciendo perspectivas únicas sobre cómo se percibe lo que consideramos real y válido, y cómo se construye el conocimiento. Nos encontramos con corrientes que se centran en la realidad como pura ficción; otras que insisten en la relación estrecha entre poder y construcción de la realidad y del conocimiento; y también con enfoques que rechazan la neutralidad absoluta en favor de una objetividad encarnada, en la línea de Donna Haraway (1995), proponiendo que el conocimiento debe ser entendido desde las posiciones específicas de quienes lo producen:

> Así, de manera no tan perversa, la objetividad dejará de referirse a la falsa visión que promete trascendencia de todos los límites y responsabilidades, para dedicarse a una encarnación particular y específica. La moraleja es sencilla: solamente la perspectiva parcial promete una visión objetiva. Se trata de una visión objetiva que pone en marcha, en vez de cerrar, el problema de la responsabilidad para la generatividad de todas las prácticas visuales. (Haraway, 1995, p. 326)

Nos enfrentamos, como sujetos posmodernos, a una inestabilidad de los valores y verdades asumidos como válidos. El sujeto mamarracho hereda ese profundo debate y pone en evidencia el carácter arbitrario y ficticio de aquello que entendemos por válido, real u objetivo. El sujeto mamarracho se presenta como una bola de demolición en una sociedad altamente jerarquizada, binaria y normativa, exhibiendo con orgullo otras maneras de habitar el mundo.

Lo mamarracho, aquello asociado a algo ridículo, feo, alocado y marginal está presente en todas las culturas y momentos históricos. Una genealogía de lo abyecto permite

---

elementos clave para entender la realidad. Según esta corriente, lo que se considera "objetivo" está intrínsecamente vinculado a relaciones de poder y discurso, lo que significa que la realidad es moldeada por sistemas históricos y culturales en constante cambio.

establecer las conexiones entre los sujetos mamarrachos contemporáneos y los bufones, payasos y otros seres esperpénticos de épocas pasadas. Pudiendo estar representado por hombres y mujeres, el bufón medieval se erige como uno de los primeros personajes queer de la historia. Además, la deformidad y los rasgos grotescos que a menudo les caracterizan, permiten visualizar al bufón como precursor de la teoría crip en su desafío de las normas sociales que privilegian ciertos cuerpos, mentes y capacidades por sobre otros. La figura del bufón ocupó un lugar central en las cortes y espectáculos populares de la época medieval. En lugar de ser simplemente marginados, su diferencia física o mental se transformaba en una fuente de poder simbólico. Ha trascendido como personaje en los diversos formatos artísticos de la época medieval y posterior. Así, el teatro y la pintura están repletos de representaciones de estos personajes, como podemos observar en la obra de Velázquez, quien ofreció innumerables retratos de bufones de la corte de los Austrias españoles a lo largo de su carrera. Se trata de un personaje muy relevante en la dramaturgia, donde se suele utilizar como método para contarnos la evolución del personaje principal (el rey o el príncipe), como se puede observar en las obras de Shakespeare.

Por otra parte, el kabuki japonés, caracterizado por el uso de un maquillaje muy peculiar, vestimenta extravagante y una teatralidad que celebra lo excesivo y lo no natural, es en sí mismo, todo un género dedicado a la bufonería. Aunque la palabra kabuki se traduce normalmente como "el arte de cantar y bailar", también puede referirse a algo que está fuera de lo ordinario. En su origen, todos los papeles eran interpretados por mujeres y las representaciones tenían cierto carácter indecente, ya que frecuentemente las intérpretes ejercían también la prostitución.

En una línea similar, aparece en muchas culturas otro personaje —el payaso—, también vinculado a este concepto de sujeto mamarracho grotesco y marginal. Además de hacer reír a la gente, gastar bromas, hacer piruetas o trucos divertidos, constituye un personaje satírico que se burla de la cotidianidad. El payaso encuentra su refugio habitual en el mundo del circo, cuya historia se remonta a las antiguas civilizaciones, normalmente asociada a la preparación de guerreros mediante rituales religiosos y prácticas festivas que combinaban el contorsionismo, las acrobacias, y el malabarismo. Fue durante la época de los romanos que estas actividades se convirtieron en entretenimiento público y recibieron el nombre de "circo". El circo supone una recreación del concepto de "carnavalización" introducido por Mijaíl Bajtin (2003[1987]), que implica una inversión temporal de las normas y jerarquías sociales. Este concepto de carnavalización aparece ampliamente desarrollado por Bajtin en relación a la obra de Rabelais, en la que los personajes de Gargantúa y Pantagruel son descritos con cuerpos grotescos que no corresponden con el canon de belleza ideal y están inmersos en espacio-tiempo de locura, necedad y excesos. Como sostiene Batjin, durante el carnaval, las estructuras sociales formales se desdibujan y se permite la liberación de las inhibiciones. La burla y la ironía carnavalescas sirven para criticar las normas opresivas y cuestionar la solemnidad del poder y de las instituciones, siendo, por lo tanto, potentes herramientas a disposición de los sujetos mamarrachos.

Creo importante, en este punto, abrir un paréntesis para reflexionar sobre el papel de la mujer en esta breve genealogía. En su tesis doctoral y estudio genealógico de la figura de la payasa, Melissa Lima Caminha (2016) explica las dificultades que enfrenta una genealogía propia de mujeres payasas o cómicas, puesto que su lugar en el mundo ha estado circunscrito al ámbito de lo privado, lo doméstico y lo maternal, y se les ha considerado tradicionalmente sujetos incapaces generar comedia:

> La mujer cómica se encuentra ubicada en una compleja dinámica de marginalidades, tanto en el ámbito artístico y estético como en el social. A la mujer no se le ha dado el derecho de reír ni hacer reír. Así como la racionalidad y la seriedad han sido un privilegio del hombre en el arte, la religión y la ciencia, también la risa y la comicidad han sido un territorio patriarcal, no sólo en el ámbito artístico, sino también en el ámbito intelectual, cotidiano y social. (Lima Caminha, 2016, p. 42)

Su espacio dentro de lo cómico se limitaría, según esta autora, a la figura medieval de una mujer ruidosa y lasciva. Un ejemplo de esto sería otro personaje de Rabelais, Gargamelle, la madre de Gargantúa. En este sentido, "el payaso tampoco escapa de este procesos social de construcción del sexo y del género" (Lima Caminha, 2016, p. 44) y esta genealogía supone una forma de cuestionar "orígenes, ausencias, relevos, indiferencias, visibilidades e invisibilidades" (Lima Caminha , 2016, p. 43).

Retomando la idea de las artes circenses y su vínculo con los sujetos mamarrachos, podemos observar cómo la explotación de la deformación y lo grotesco adquiere gran importancia como parte del espectáculo, al igual que lo hace el juego entre realidad y ficción, en lo que se conoce como *freak show* o espectáculo de fenómenos[2]. Estas actuaciones incluían individuos con alteraciones genéticas (gigantismo, enanismo), capacidades físicas inusuales,

---

2 El cine ha dejado constancia de las especiales vidas de estos sujetos. Concretamente, la película *Freaks* (*La parada de los monstruos*) de Tod Browning (1932), contaba con actores y actrices que presentaban anomalías físicas y que provenían en su mayoría del círculo circense.

habilidades muy particulares (tragasables), extravagancias físicas (mujeres barbudas), o rasgos étnicos desconocidos. Las anomalías físicas que creaban confusión de género eran también parte de los espectáculos circenses, especialmente aquellas actuaciones de sujetos medio hombre-medio mujer o enigmas sexuales. Estos actos se situaban en el límite entre lo real y la fantasía, explotando la confusión del público y creando curiosidad por lo diferente y desconocido. Aunque en muchos casos se trataba de meros trucos para fingir esa ambigüedad —mediante maquillaje, prótesis y ropa—, en algunas ocasiones estos números estaban representados por personas transgénero o intersexuales[3].

Este tipo de espectáculos ofrecía un espacio seguro y una relativa libertad a todos estos personajes que difícilmente hubieran podido subsistir fuera de ellos. Alguien que era considerado un bicho raro y que no podía conseguir un trabajo "normal" tenía la oportunidad de ganar dinero en este tipo de espectáculos y, a menudo, estaba dispuesto a hacerlo. Al mismo tiempo, estos individuos se convertían en objetos de fascinación y consumo, reforzando la idea de que existe un cuerpo normativo ideal frente a otros cuerpos diferentes o "anormales". Sin embargo, durante el siglo XX, estas exhibiciones pasaron a considerarse crueles y explotadoras. Poco a poco la gente empezó a sentirse incómoda al mirar a personas con discapacidad o desfiguradas. El progreso de la ciencia y el cambio de mentalidad en la sociedad respecto a las anomalías humanas supuso el fin de estos espectáculos. Como nota de interés, en 1991 se fundó el Jim Rose Circus Sideshow[4], una versión moderna de estos

---

3 Ver https://showhistory.com/acts/half-man-half-woman-half-and-halfs-hermaphrodites para más información sobre este tema.

4 Ver https://youtu.be/Z4TBztf5Vmo?feature=shared o https://youtu.be/R49rRRCXyl4?feature=shared para hacerse una idea del espectáculo.

espectáculos extremos, y se mantuvo en funcionamiento hasta 2010. Hoy en día, estos espectáculos se dan por desaparecidos, en parte porque internet ofrece espectáculos más bizarros y en parte porque la corrección política deja poco espacio para la mercantilización de "otros cuerpos", aun cuando los freak shows suponen también la oportunidad de reivindicar la diversidad y contribuir a la autonomía de estas personas, complicando la narrativa de mera victimización.

Aunque se muestre sólo a modo de pincelada, en esta propuesta genealógica de lo abyecto, el bufón medieval, el kabuki japonés, al igual que los payasos y freaks circenses son precursores de lo mamarracho como forma de vida. Se vinculan con las teorías queer y crip a través de la subversión de las normas sociales, el uso performativo de la diferencia y su capacidad para cuestionar las estructuras dominantes mediante la representación teatralizada de cuerpos y conductas fuera de la norma. Como sostiene Robert McRuer (2006), la discapacidad y lo queer suponen desviaciones de la normalidad construida en torno a los conceptos de capacidad y heterosexualidad, que representan la forma más deseable de ser, "el orden natural de las cosas" (McRuer, 2006, p.1). Los sujetos mamarrachos se nutren de estas teorías para incumplir las normas y desestabilizar el propio concepto de normalidad.

Si antes mencionamos los ejemplos literarios de Gargantúa y Pantagruel como seres excéntricos y grotescos, la novela *La conjura de los necios*, de John Kennedy Toole (2006 [1980]) nos presenta otro caso que se puede incluir bajo este concepto-paraguas de sujeto mamarracho. Esta obra cuenta con un personaje principal quijotesco, Ignatius Reilly, caracterizado como un hombre egoísta, perezoso y desagradable, profundamente excéntrico, además de asexual, y de moral ambigua. Ignatius Reilly aparece retratado como un hombre inadaptado que vive en un permanente desprecio hacia las comodidades materialistas, y se sitúa muy lejos de los valores norteamericanos de trabajo y sacrificio, erigiéndose así como ejemplo válido del fracaso queer descrito por Jack Halberstam (2018). Ignatius se anticipa en el posicionamiento contra la positividad tóxica, que se basa en la creencia de que el éxito es únicamente producto de la actitud y responsabilidad personal. Mientras la sociedad que se presenta en la novela lucha por sobrevivir en un mundo capitalista, egoísta y miserable, persiguiendo la comodidad material y la solvencia financiera, Ignatius no le da ningún valor a la escala social ni a lo material, basándose en que nadie, con esos valores, es realmente feliz. En este sentido, la novela presenta un personaje mamarracho y precursor de la teoría del fracaso queer de Halberstam.

Esta reflexión sobre las diferentes representaciones de lo mamarracho a lo largo de la historia desde una perspectiva cultural quedaría incompleta si no se hiciera referencia a las películas de John Waters y a ese personaje que va más allá de la ficción, Divine, encarnado por el actor Harris Glenn Milstead. En general, el cine de Waters, especialmente en películas como *Pink Flamingos* (1972) y *Female Trouble,* (1974), consistía en comedias de bajo presupuesto, de estilo alocado y trash. Sus películas cuentan con todo tipo de personajes desviados, y suelen retratar las diferencias de clase social en los Estados Unidos, poniendo el foco en la vida suburbana de lugares remotos y aburridos. Mediante estas comedias disparatadas, Waters insiste en su idea de deshacer —o burlarse de— los límites entre lo aceptable y lo inaceptable, desafiando al público y haciéndolo sentir incómodo, ejerciendo, así, su derecho antidisciplinario[5] (Foucault, 2003). Para ello, nadie como Divine, drag queen con sobrepeso y escandalosamente vulgar, que encarna perfectamente lo camp y lo trash, convirtiéndose en una figura icónica de la contracultura.

Judit Vidiella (2010), cuyo trabajo se centra en la investigación basada en las artes (IBA), menciona la existencia de cuerpos inteligibles (lo que cada sociedad construye como su propia definición de lo que es un cuerpo normal) y cuerpos fantásticos (la imagen corporal responde a un proceso de cambio continuo). Divine, así como otros ejemplos mencionados anteriormente, se alinean junto a ese cuerpo fantástico, socavando "las construcciones normativas de identidad para encontrar nuevos espacios de existencia e inteligibilidad desde los que re-pensarse" (Vidiella, 2010, p.4). Las películas de Waters contienen innumerables imágenes groseras, desde incesto hasta violación, asesinato, castración e incluso el consumo de excrementos de perro. Se trata de un claro ejemplo del uso de la perversión como estrategia para el cuestionamiento de las cadenas de significación dominantes, en la línea de lo planteado por Vidiella (2010). Esta estrategia supone la lectura de la normalidad de manera perversa:

> Se trata de desvincular la relación osificada entre normalidad y 'sentido del yo' con el fin de abrir uno mismo a otras posibilidades de alteridad, de identificaciones y placeres, que no tienen por qué estar vinculados a las apelaciones identitarias. (Vidiella, 2010, pp. 15-16)

---

5 En la perspectiva de Michel Foucault (2003), la antidisciplina implica una resistencia y contraposición a las disciplinas convencionales que operan en instituciones como la escuela, la prisión y el hospital. Foucault analiza cómo estas disciplinas buscan regular y normalizar el comportamiento humano a través de estructuras jerárquicas de poder.

Como hemos mencionado anteriormente, los sujetos mamarrachos han existido siempre y en todo lugar. También el Estado español ha sido testigo de individuos que han alterado el orden social debido a sus conductas desviadas. El pintor y performista José Pérez Ocaña fue conocido por sus performances en Barcelona, donde se convirtió en un personaje emblemático. En su caso, fue detenido en 1978 por pasear por la Rambla de Barcelona vestido de anciana. Hoy en día, podemos afirmar que Ocaña es un referente del activismo queer y mamarracho, puesto que utilizaba su cuerpo y su arte para desafiar las normas sociales.

Como referencias mamarrachas más actuales, en su tesis sobre la genealogía de las payasas, Lima Caminha (2016) menciona el personaje de Rosicléa, representado por la artista brasileña Valéria Vitoriano, de la que destaca su juego con "lo grotesco, lo exagero, lo feo, lo vulgar, lo cutre y lo kitsch" (Lima Caminha, 2016, p. 77). Y, sin duda, otro ejemplo reciente de mamarracha lo podemos encontrar encarnado por Samantha Hudson, artista polifacética, quien nos ha brindado diversos momentos cargados de mamarrachez, como su participación en el concurso Masterchef Celebrity. Hudson, cuyo activismo mamarracho se manifiesta a menudo a través de actuaciones transgresoras enmarcadas dentro de un contexto camp, logra amplificar el impacto de sus actos a través del lenguaje. Tras su expulsión de dicho concurso, algunas de sus declaraciones[6] fueron:

"Yo soy objetiva y sé que soy una catástrofe, pero por lo menos llevo muy buen tinte".

---

6 Fuente: https://www.elmundo.es/television/2021/09/21/61498199 fc6c8378768b461c.html

"Yo no quiero tener talento ni nada, yo quiero ser mediocre y ser un desastre. Creo que no es mucho pedir".

"MasterChef es durísimo... Yo pienso seguir cocinando, porque yo no desisto de ser una ama de casa ideal. Así que nada, a seguir trabajando porque ante todo soy una 'working class legend'. Lo habré hecho fatal, pero me he divertido... Bajo mi punto de vista, he triunfado completamente".

Así, Hudson explicita los vínculos de lo queer con lo mamarracho, y de ambos con el fracaso. Hacer gala del fracaso es una propuesta tremendamente mamarracha, puesto que altera el sistema capitalista, basado en el éxito y en la capacidad personal para alcanzarlo. En este sentido, parece compartir la visión de Halberstam (2018), quien sostiene que, a veces, "fracasar, perder, olvidar, desmontar, deshacer, no llegar a ser, no saber, puede en realidad, ofrecernos formas más creativas, más cooperativas, más sorprendentes, de estar en el mundo" (Halberstam, 2018, p. 14).

En estas palabras de Samantha Hudson se explicita el uso del humor y la autoparodia como técnica de afrontamiento, una estrategia muy común entre colectivos minorizados, utilizada para afianzar su bienestar emocional:

Desde una perspectiva cognitiva, el sentido del humor puede mitigar los efectos adversos del estrés de al menos dos maneras. Primero, las personas que generalmente responden a la vida de manera humorística pueden ser menos propensas a percibir su entorno como una amenaza y, por lo tanto, pueden experimentar menos estrés en sus vidas que aquellas con un sentido del humor menos desarrollado. Segundo, en situaciones que se perciben como estresantes, las personas con sentido del humor pueden afrontar de manera más efectiva al realizar reevaluaciones más benignas de los factores estresantes. Como resultado, las personas con un alto sentido del humor pueden tener un mejor ajuste psicológico, así como una mejor salud emocional y física. (Kuiper et al., 1993)

El sujeto mamarracho recurre, en gran medida, a este tipo de estrategias para lidiar con situaciones estresantes, difíciles o dolorosas en sus vidas. Autoris como Halberstam (2018) o Despentes (2007) proponen este sujeto fracasado y humorístico como agente para el cambio social, puesto que sólo los seres situados en los márgenes pueden proporcionar nuevos modelos para habitar el mundo:

> La figura de la pringada de la feminidad me resulta más que simpática: es esencia. Del mismo modo que la figura del perdedor social, económico o político. Prefiero los que no consiguen lo que quieren, por la buena y simple razón de que yo misma tampoco lo logro. Y porque, en general, el humor y la invención están de nuestro lado. (Despentes, 2007, p.8)

En esta construcción del sujeto mamarracho se evidencian varios elementos mayormente compartidos. Por una parte, hacen gala de su gusto por la exageración y lo grotesco como maneras de alterar las normas sociales. Igualmente, parecen compartir su visión del éxito en el fracaso, o por lo menos muestran su incomprensión o desprecio hacia los modos de vida y valores tradicionales. También comparten estrategias de afrontamiento: el humor, la risa, y la perversión. Algunos de estos sujetos tienen como misión hacer reír a otras personas —ese es el rol principal de los bufones—, y en otros casos son los propios sujetos mamarrachos los que se ríen (del sistema, de las normas, de los valores tradicionales). Bajtin reconoce la risa y su significado "positivo, regenerador y creativo" (1984, p. 71) como aspecto fundamental de la carnavalización. En ese sentido, los sujetos mamarrachos tienen la capacidad de hacer de la vida un carnaval[7], dejando espacio para los excesos, los deseos ocultos, y las desviaciones. En ocasiones, los sujetos mamarrachos se conjuran para meter el dedo en las llagas profundas causadas por el sinsentido de la existencia humana. Su presencia abre un espacio-tiempo, casi de ficción, en el que todo es posible: la liberación —y el libertinaje—, la espontaneidad, la osadía. Los sujetos mamarrachos suponen un derroche de emociones, que son necesarias en una sociedad donde cada pieza debe ocupar su lugar y formar una jerarquía constreñidora. El sujeto mamarracho, en su faceta humorística y pervertida, se convierte en un ser esencial ya que permite a otras personas (y a sí mismos) distanciarse momentáneamente de sus problemas, y subrayar el carácter performativo de nuestra existencia.

---

7 Ya lo cantaba Celia Cruz en 1998: Oh-oh-oh, ay, no hay que llorar (No hay que llorar) / Que la vida es un carnaval / Y es más bello vivir cantando / Oh-oh-oh, ay, no hay que llorar (No hay que llorar) /Que la vida es un carnaval / Y las penas se van cantando. (Letra de Víctor Daniel).

DEVENIR MAMARRACHA.
EL ARTE DE LLEGAR A SER

Me hago preguntas: ¿Qué supone ser lesbiana? ¿En qué medida las lesbianas suponen una desviación y una alteración del *cistema*? Según el análisis genealógico expuesto anteriormente, ¿una lesbiana es, de manera intrínseca, una mamarracha? ¿Qué beneficios aporta el hecho de ser una mamarracha al devenir bollero, y viceversa? En particular, ¿las estrategias mamarrachas contribuyen al desarrollo personal y a-normal de las lesbianas mayores?

El rastreo genealógico anterior facilita la asociación entre este personaje circense y mamarracho y el concepto de lesbiana desarrollado por Monique Wittig. La lesbiana de Wittig, entendida como una identidad que desafía la humanidad normativizada, se vincula con lo monstruoso y lo animal, y es, por lo tanto, una freak dentro de la cisheteronorma. En su ensayo "El pensamiento heterosexual", Wittig (1992[1980]) argumenta que la lesbiana no es una mujer en el sentido tradicional, pues no participa en la dinámica heterosexual y patriarcal que define el concepto de "mujer". En este sentido, la lesbiana se erige como un agente activo de subversión y potencial transformación. Las lesbianas, según la relectura que lleva a cabo Isabel Balza

(2013) de la obra de Wittig, "son monstruosas porque no son mujeres: son abyectas, masculinizadas, agresivas o seductoras, lesbianas; esto es, no responden al ideal de mujer sumisa y heterosexual que necesita la sociedad patriarcal" (Balza, 2013, p.99).

Así, este sujeto mamarracho que planteo en estas páginas supone un híbrido posfeminista que auna la configuración animal y monstruosa de la lesbiana de Wittig junto al esperpento y el humor representados por los bufones, payasos y freaks de circo. Para ejecutar su resistencia/liberación, el sujeto mamarracho recurre a la parodia, la performance y la creación artística al estilo mondongo[8], retroalimentándose así de su monstruosidad. En este sentido, la figura de la mamarracha muestra una paleta de posibilidades para resquebrajar el muro de silencio que caracteriza las vidas de las lesbianas mayores[9] (50+).

Aunque las lesbianas no se configuren en un grupo homogéneo, existen lo que la antropóloga Olga Viñuales denomina "sufrimientos compartidos", que "son e implican que toda lesbiana participa de una misma trayectoria común o trayectoria moral" (Viñuales, 2006[1999], pp. 107-108). En concreto, las mayores comparten/compartimos una serie de historias que son la columna vertebral de su devenir lesbiano:

- Hemos crecido con pocos o ningún referente.

- Hemos vivido nuestra infancia y adolescencia en el desconocimiento de esa opción.

---

8 Tomo prestado el concepto desarrollado por Manuela Acereda del mondongo como "estrategia para facilitar la creación sin el peso de las palabras tan asociadas al arte" (Acereda, 2023, p.86).

9 Según Choi y Meyer (2016), se puede considerar que el concepto "persona mayor LGTBIQ+" incluye a la población de minorías sexuales y de género mayores de 50 años.

- Hemos experimentado la duda de no saber qué nos pasaba durante la infancia o adolescencia, pero sabernos diferentes a las demás; un hecho diferencial que encuentra su expresión "en una dolorosa angustia que trata de buscar respuesta a cuanto sucede" (Viñuales, 2006[1999], p. 58).

- Hemos intentado ignorar y reprimir este sentimiento.

- Hemos tratado de tener novios, matrimonios, y llevar una vida cisheteronormativa.

- Cuando ya nos hemos visto con cierto coraje de ponerle palabras, nos hemos visto con dificultades para contarlo a nuestras familias, a nuestras amistades de siempre, y en nuestro entorno laboral.

- En algunos casos hemos vivido el sexilio: marcharnos a otra ciudad o a otro país para poder desarrollar nuestra vida como lesbianas; a veces son exilios de fin de semana para poder establecer contacto con la comunidad lésbica.

- En muchos casos, lo que realmente vivimos es un insilio[10]: el exilio dentro de nosotras mismas, aquello que nos hace sentir que somos menos que el resto y que estamos mejor calladas.

No todas las lesbianas nos vemos atravesadas emocionalmente con la misma intensidad por estos factores, pero los temores producidos por los estereotipos culturales son compartidos por la mayoría. Como sostiene Viñuales, "esos sufrimientos compartidos y la consiguiente lucha por tra-

---

10 Véase al respecto el término empleado por Chango Illánez (2006) en el texto "Exilio e insilio". Se puede consultar el artículo en: https://www.revista.unsj.edu.ar/numero19/exilio.htm

tar de superarlos, puede ir entretejiendo un determinado estilo de vida basado en la ocultación o manipulación de la información o en ambas a la vez" (Viñuales, 2006[1999], p. 108). El trabajo de Eve Sedgwick (1998[1990]) sugiere que la revelación o el ocultamiento pueden tener consecuencias significativas en términos de aceptación social, y la construcción de la propia identidad:

> El armario gay no solamente es una característica de las vidas de las personas gays, sino que para muchas de ellas todavía es la característica fundamental de su vida social. Y hay pocas personas gays, por muy valientes y directas que sean habitualmente y por muy afortunadas en el apoyo de sus comunidades más inmediatas, en cuyas vidas el armario no sea todavía una presencia determinante. (Sedgwick, 1998[1990], p. 92)

El peso que tiene este armario para las personas LGBTIQ+ forma parte de esos "sufrimientos compartidos". Se trata de una mochila pesada llena de silencio. Sin embargo, el silencio que se asocia a la escasa presencia social de las lesbianas no siempre es algo negativo en sí mismo y, de hecho, el trabajo de investigación sobre la invisibilidad lésbica desarrollado por Mery Torras (2011) arroja nueva luz y estimula otros enfoques según los cuales "no siempre la visibilidad es la mejor manera de ser visible, ni la invisibilidad supone siempre una negación de la propia existencia" (Torras, 2011, p. 141). El silencio lesbiano tiene también una dimensión política. El silencio puede interpretarse como una forma de resistencia contra la asimilación y la normatividad impuesta por el sistema heteropatriarcal. Para algunas lesbianas, no hablar puede ser su manera de desafiar la necesidad de rendir cuentas a una sociedad que nunca las ha aceptado. En algunos casos, el silencio puede ser un acto intencional para preservar la intimidad y proteger una identidad que se considera valiosa en sí misma, sin necesidad de validación externa. En este sentido, Acereda y Casado (2023) hacen hincapié en que el uso del lenguaje poco transparente por parte de muchas lesbianas a la hora de hablar de sí mismas "podría entenderse como una estrategia en relación a una identidad que no es negada ni afirmada, sino que deja que los demás (le) imaginen" (Acereda y Casado, 2023, p. 63).

Estos enfoques permiten entender el silencio no como represión, sino como una forma de autodeterminación. Sin embargo, es importante reconocer que, en muchos casos, las lesbianas no tienen esa capacidad para elegir, sino que se trata de una imposición externa o interiorizada como elección propia, como resultado de conocer las posibles consecuencias de los procesos de salida del armario. Como sostiene Torras, la propia visibilidad es "la base de la marginación" (Torras, 2011, p. 142). Por lo tanto, aun asumiendo ese potencial político del silencio lesbiano, encontrar sus fisuras puede resultar terapéutico, especialmente en el caso de las lesbianas mayores que han tenido pocas oportunidades de socializar con otras personas queer durante su adolescencia y primera juventud.

Esta breve genealogía de lo mamarracho y lo abyecto me lleva a plantear la hipótesis de la lesbiana mayor de aspecto masculino[11] —la marimacho *de toda la vida*— como

---

11 Aunque no de forma exclusiva, mi foco de interés se sitúa, por tanto, sobre aquellas lesbianas que han adoptado expresiones de género no normativas o masculinas. En estos casos, la marginalización puede ser aún mayor debido a los estigmas asociados. El simple hecho de que las lesbianas femeninas no rompan con los estereotipos de feminidad tradicionales supone mayores posibilidades de evitar algunas formas de discriminación motivadas por la expresión y los roles de género. Esto no quiere decir, ni mucho menos, que se vean libres de toda amenaza. De hecho, esa misma posibilidad de pasar desapercibidas puede resultar en una continua necesidad de salir del armario (o de no salir nunca del mismo). Aparentemente, no suponen un tipo de amenaza a los roles de género ni los estereotipos

encarnación del sujeto mamarracho y, al mismo tiempo, sugerir estrategias para trabajar y profundizar en el marco de los actos performativos mamarrachos para un desarrollo personal y a-normal que permita afrontar los desafíos del envejecimiento dentro de una sociedad normativa. Las lesbianas 50+ conforman una generación que, en muchos casos, ha lidiado con altos niveles de represión, invisibilidad y violencia debido a su orientación sexual, lo que ha resultado en una importante acumulación de experiencias de silencio. La posibilidad de narrar y compartir sus historias permite a las lesbianas mayores valorar sus trayectorias y reconocerse. Por lo tanto, la creación de espacios y herramientas para expresar sus vivencias (Gispert, 2024) representa una estrategia poderosa para promover su autoestima y sentido de pertenencia.

La realidad en pleno siglo XXI refleja que ser lesbiana se identifica todavía con el hecho de ser fea y masculina, lo cual en sí mismo no sería un problema si no fuese por el rechazo social que causan estos calificativos. Se crea así el estereotipo[12], la imagen mental que la gente tiene de la lesbiana, como mujer fea, frustrada y antipática, de aspec-

---

marcados por la visión heterocentrada, por lo que en primera instancia no entran dentro de ese ámbito "monstruoso" que pretende abarcar este trabajo.

12 Soy consciente de que esta afirmación es polémica. Si en los años 90 y principios de los 2000 se identificaba a la lesbiana con la mujer de aspecto masculino, creo que es lícito afirmar que, en estos últimos años (lo que denomino *efecto The L-Word*), las lesbianas visibilizadas por los medios son de un aspecto que encaja con los estereotipos de feminidad de la sociedad occidental. Sin embargo, la lesbiana marimacho es la que permanece en el imaginario colectivo. Espero poder ampliar los sentidos y matices asociados a la palabra lesbiana, así como sus diferentes representaciones y nivel de aceptación social.

REBUSCO EN LAS GALAXIAS DE MI MENTE
¿QUIÉN SOY? TOC TOC
PILTRAFILLA Y HEREJE DEL CISTEMA
MAMARRACHA Y MARIMACHO
SOY MARADONA ESQUIVANDO LA FEMINIDAD
—NO ME CABEN LOS PIES DE SAPO
EN LOS ZAPATITOS DE CRISTAL—

to poco cuidado, con apariencia y gestos tradicionalmente masculinos.

En el Estado español, el caso de Dolores Vázquez Mosquera, declarada culpable del asesinato de Rocío Wanninkhof en 2001, sería paradigmático en la construcción de la imagen de lesbiana masculina, maligna y despreciable. Beatriz Gimeno desmenuza el discurso homófobo utilizado por los medios de comunicación y el impacto en el juicio a Dolores Vázquez en su libro *La construcción de la lesbiana perversa* (2008). Este trabajo subraya una homofobia presente en todos los ámbitos de la sociedad, aunque los mecanismos de discriminación sean más sutiles, y muestra las estrategias utlizadas para construir al monstruo: se desfeminiza a la mujer lesbiana (resaltando y magnificando cualidades tradicionalmente masculinas, como su gusto por el deporte, su carácter serio y reservado, etc.) y se la deshumaniza (convirtiéndola en una especie de vampiro que seduce a mujeres indefensas). También Lucas Platero (2009) señala hacia esa construcción de la lesbiana pervesa a través de los medios de comunicación:

> Si nos fijamos en las figuras de Dolores Vázquez y Encarna Sánchez, vemos que tienen en común ser identificadas como "masculinas", desarrollan roles de dirección y acceso al poder, con trabajos que suponen, de facto, poder. Se las señala como visibles, seductoras y activas. Y ambas reciben un sonoro castigo social por su sexualidad, que hace verter ríos de tinta en descripciones y juicios de valor, que se justifican en su masculinidad y más o menos explícito lesbianismo. (Platero, 2009, p. 408)

Aunque el enfoque queer reivindica el rechazo a esa normalización, en favor de promover la diversidad (afectivo-sexual, cultural, corporal, etc.), la realidad social pone en evidencia el profundo rechazo a lo no normativo. En este sentido, la figura de la lesbiana masculina puede encarnar el sujeto mamarracho desde varias perspectivas que combinan cuestiones de género, expresión estética y resistencia a las normas sociales. Al no buscar encajar en un modelo masculino idealizado, la lesbiana masculina puede aceptar y abrazar un desorden identitario que desmantela las categorías rígidas. Su conexión con lo mamarracho radica especialmente en cómo su existencia puede desestabilizar las expectativas impuestas por las normas heteronormativas y patriarcales, convirtiéndola en un agente de subversión y autenticidad.

La figura de la lesbiana camionera, marimacho, leñadora, *butch* o cualquier otro apelativo que se haya utilizado para referirse a una mujer lesbiana de aspecto masculino —según los parámetros sociales—, supone una desestabilización del sistema binario de género. Lo que conceptualizamos como camionera responde a la figura de una mujer claramente identificable como lesbiana. Es la imagen que responde a la lesbiana prototípica, esa que resulta fácil de identificar y señalar con el dedo. La lesbiana masculina, marimacho o camionera, en su valor simbólico de no-mujer, rechaza la sumisión ante el hombre y ante los roles de género tradicionales, y carga "con el peso del estereotipo socializado de las lesbianas como masculinas" (Romero y Platero, 2017, p.58). En este sentido, cabe señalar que la lesbofobia va dirigida fundamentalmente "hacia las mujeres que reproducen actitudes o comportamientos pensados como propios del género opuesto, es decir, las camioneras" (Viñuales, 2002, p. 111), porque ellas son percibidas como un cuestionamiento de los roles de género. Como sostiene Vila (2021), "no todos los cuerpos son iguales [...]. La precariedad, por lo tanto, se materializa en la dermis misma" (p. 2). No hablamos necesariamente de un cuerpo con discapacidad, pero sí podríamos hablar de un cuerpo que es ejemplo del incumplimiento de las normas sociales, acercando los cuerpos lesbianos a la teoría crip. Igualmente, la lesbiana camionera es más facilmente asociada a ese sujeto monstruoso y deshumanizado que Monique Wittig utiliza para plantear la deconstrucción del binarismo de género. Este trabajo, por tanto, se asienta sobre la frase de Wittig (1992[1980]) "las lesbianas no somos mujeres"(p.32) como punto de partida, con el objetivo de indagar en esos márgenes que habitan los sujetos monstruosos y su potencial como agentes de cambio social. Para Wittig, tal y como lo desarrolla en su ensayo "No se nace mujer"(1981), el lesbianismo "proporciona por el momento la única forma social en la que podemos vivir libremente" (Wittig, 1992[1981], p.20). Una mamarracha, alineándose con la teoría del fracaso de Halberstam (2018), "expresa un deseo básico de vivir la vida de otra manera" (Halberstam, 2018, p. 13). Y es, precisamente, esa oportunidad que ofrece el lesbianismo de vivir en libertad desde los márgenes la que deseo explorar en estas páginas.

El análisis de la lesbiana marimacho como fisura en el sistema capitalista refuerza las conexiones entre las teorías queer y crip, tal y como sostiene McRuer (2006), para quien tanto la heterosexualidad como el capacitismo son agentes del capitalismo neoliberal. Históricamente, las lesbianas han sufrido mayores limitaciones económicas en comparación con los hombres gay o la población cisheterosexual debido a factores como la discriminación laboral y la falta de representación. Katherine Sender (2004), en su estudio sobre el (escaso) interés del mercado de consumo hacia las lesbianas, sostiene que "las lesbianas también se consideran un mercado menos rentable porque tienen ingresos familiares promedio más bajos que las parejas de hombres homosexuales y que las mujeres de parejas heterosexuales" (Sender, 2004, p. 411). El estudio sobre memoria histórica realizado por la FELGTBI+ en 2019 confirma estas desigualdades entre gays y lesbianas:

> (...) respecto a los ingresos, se observa una diferencia entre mujeres lesbianas y hombres gays, relacionado con las brechas salariales por género, en este caso concreto generan unos ingresos medios entre los 600 y los 1.500€ para un 65% de mujeres lesbianas y, para un 81% de los hombres gays, sus ingresos son superiores a los 1.000€. Además, un 27% de las mujeres lesbianas tiene unos ingresos brutos mensuales superiores a los 1.500€ y en el caso de hombres gays es del 54%. (FELGTBI+, 2019, p.4)

Por otra parte, el empleo precario tiene un impacto especialmente severo en las lesbianas mayores, ya que limita su capacidad económica y, en muchos casos, las aleja de actividades grupales al no poder asumir gastos secundarios (EL*C, 2023). De esta manera, muchas se encuentran excluidas del mercado de consumo, lo que también tiene un impacto sobre su nivel y forma de representación social.

Bajo estas circunstancias, la lesbiana mayor y marimacho se erige como sujeto capaz de encarnar el espíritu mamarracho, y hacer frente a una cultura que tiende a la asimilación de cualquier visión disidente. Su propuesta de vida representa una alternativa real a las expectativas de éxito impuestas por la sociedad heteronormativa y capitalista. Como sostiene Halberstam (2018[2011]), el éxito femenino suele juzgarse con estándares masculinos, pero fracasar en "ser mujer" puede liberar de la competencia con ideales patriarcales y abrir otros horizontes. Esta idea de fracaso como mujer se enmarca dentro de los estereotipos creados y los valores sostenidos por la sociedad heteronormativa occidental. La lesbiana masculina, según estos mismos estereotipos, rompe con los estándares de feminidad normativa, que tradicionalmente exigen pulcritud, delicadeza y una estética orientada al deseo masculino. Vestir ropa que prioriza la comodidad sobre el atractivo sexual tradicional o que toma elementos asociados a lo masculino, al igual que rechazar adornos considerados esenciales para la feminidad (maquillaje, tacones, accesorios), puede ser percibido como una excentricidad en un sistema que penaliza a quienes no cumplen las expectativas de feminidad ideal. En este sentido, la lesbiana marimacho puede encarnar una forma de ser mamarracho que celebra la autenticidad por encima de la perfección superficial.

No podemos pasar por alto la importancia del componente visual a la hora de crear los estereotipos de género. La vida occidental contemporánea ha evolucionado desde una cultura basada en lo escrito a otra basada en la imagen, a través de un proceso conocido como "giro visual" que ha transformado la manera en que las personas entienden el mundo y participan en él. Dentro de este giro visual, las imágenes y los medios visuales ocupan un papel central en la producción, distribución y consumo de información y, en consecuencia, en la configuración de identidades y estructuras de poder. Las aportaciones de Nicholas Mirzoeff (2016) respecto a los modos de ver y las prácticas del mirar resultan valiosas para el reconocimiento de la otredad. Lo que él denomina "estética del poder" se convierte en un medio de control social que establece lo que es visible, respetable y legítimo, y lo que debe permanecer invisible o subalterno. En una línea similar, Tatiana Sentamans (2023) hace referencia a ese giro visual característico de la vida contemporánea y que tanto impacto tiene en la construcción y mantenimiento de un sistema de valores determinado:

> La visualidad protagoniza la esfera cultural contemporánea de las sociedades tecnológicamente avanzadas, donde lo cotidiano ha tomado un "giro visual". La cultura visual forma parte de la

acción diaria del sujeto y crea significado. Influencia sus valores, sus creencias y sus opiniones. Influencia su forma de comprender y de conocer. (Sentamans, 2023, p.35)

La visualidad no se limita al mundo de las percepciones visuales, sino que también engloba "un conjunto de relaciones en las que se combinan la información, la imaginación y la reflexión para generar un panorama tanto físico como psíquico" (Mirzoeff, 2016, p.34). Igualmente, este autor defiende el derecho a mirar, en el sentido de "renunciar a ir por detrás y sencillamente reaccionar a los diferentes despliegues de información" (Mirzoeff, 2016, p.59). En esta misma línea, podemos sostener la idea de que ver/mirar es sinónimo de existir y aquello que se ve/mira es a la vez creación de conocimiento. Solo puede ver/mirar (= existir = crear conocimiento) aquella persona que ostenta autoridad y privilegios. Sin embargo, resulta difícil para aquellos colectivos minorizados poder participar de la creación de discursos y, por lo general, quedan excluidos de la posibilidad tanto de ese derecho a mirar que defiende Mirzoeff como de lograr una representación, algo que "ha sido y es crucial para el establecimiento y la distribución del poder" (Sentamans, 2023, p.43). De esta manera, la alternativa pasa por plantear una contravisualidad para confrontar las diferentes estrategias y mecanismos visuales sobre los que se articula el ejercicio del poder. En este sentido, el activismo queer se apropia de la visualidad para generar contranarrativas y reconfigurar la representación pública. Y es en la construcción de esta contranarrativa donde, a través de una fascinante metamorfosis, la lesbiana mayor de aspecto masculino y tradicionalmente silenciada, en su encarnación en sujeto mamarracho, puede jugar un papel central para la desestabilización de esas estructuras de poder. Según Casado et al. (2023), las personas mayores LGTBIQ+

en España han vivido bajo un contexto de discriminación, opresión, prejuicios, patologización y criminalización. Por esta razón, muchas de ellas ocultaron su orientación sexual durante su juventud, adaptándose a la sociedad heteronormativa. Estos antecedentes históricos podrían contribuir al desarrollo de la homofobia interiorizada en este colectivo (Choi y Meyer, 2016). Vivir en contextos marcados por la lesbofobia está estrechamente relacionado con que muchas mujeres elijan no visibilizarse como lesbianas (EL*C, 2023), aunque esta decisión no se deba necesariamente a un malestar con su identidad o experiencia lésbica, sino con

> un proceso más complejo en el que se juntan los miedos a las reacciones violentas que los gestos afectivos puedan provocar en el entorno más inmediato y las rémoras de un pasado en el que el lesbianismo ha sido vivido con muchos traumas y conflictos. (Mujika, 2007, p.104)

La eclosión de esta crisálida particular revela lo oculto socialmente: la lesbiana mayor y marimacho puede ser disidente y felizmente anormal, cultivando unas formas de vida que priorizan los lazos de amistad, apoyo y cuidados con otros sujetos mamarrachos. Aunque a nivel de representación social, las lesbianas mayores son objeto de discriminación e invisiblidad, más allá de los discursos victimistas (que todo ello existe, no nos lo hemos inventado), esta contranarrativa permite visualizar otra imagen, mucho más liberadora y con menos cargas negativas, sobre lo que supone ser lesbiana, mayor, y marimacho.

Las aportaciones de Sender (2004) en torno a cómo las lesbianas han sido históricamente consideradas un grupo marginal dentro del mercado de consumo resultan especialmente relevantes en la construcción de esta contranarrativa. Una explicación de este fenómeno puede ser la escasa presencia de lesbianas visibles dentro del sector del marketing que puedan defender un marketing específico para lesbianas, "y cuando parecen anuncios de temática lésbica, es poco probable que hayan sido producidos por lesbianas" (Sender, 2004, p. 416). Sender añade que, incluso cuando existe la voluntad de atraer a las consumidoras lesbianas, resulta complicado para las personas especialistas en marketing acceder a ellas para conocer sus gustos porque, en general, se cree que las lesbianas son "menos propensas a socializar en bares o eventos gay, y más orientadas hacia patrones sociales y de entretenimiento privados" (Sender, 2004, p. 418). En contraposición a los hombres gays, cuya identidad se ha integrado más en ciertos nichos de consumo (moda, lujo, entretenimiento), las lesbianas se han percibido como menos glamurosas o vendibles. El rechazo a la feminidad hegemónica mostrado por las lesbianas masculinas da lugar a una percepción de las lesbianas como un grupo que no encaja con las expectativas del mercado, donde se asume que las consumidoras femeninas desean productos que refuerzan su atractivo para los hombres. Esto nos devuelve, una vez más, a las dimensiones políticas y sociales del lesbianismo que defiende Wittig. Su enfoque implica una comprensión más allá de la orientación sexual individual, de tal manera que el sujeto lesbiano se convierte en una resistencia política desligada de la identidad sexual y se sitúa conscientemente en los márgenes:

> La negativa a volverse (o permanecer) heterosexual siempre significó negarse a convertirse en hombre o mujer, conscientemente o no. Para una lesbiana esto va más allá del rechazo del papel de "mujer". Es el rechazo del poder económico, ideológico y político de un hombre". (Wittig, 1992[1981], p.13)

Sin embargo, la capacidad tentacular del capitalismo, poco a poco, consigue llegar a todas partes, mediante la sofisticación de los productos o la desactivación de su contenido político, de tal manera que siempre se habilitan nuevos nichos de consumo. No resulta difícil observar cómo lo queer —inicialmente vinculado a la resistencia— evoluciona sigilosamente hacia lo "cuqui-queer"[13] en un proceso habitual dentro de la sociedad y cultura normativa, siendo estilizado y vendido como una moda exclusiva, perdiendo su conexión original con las comunidades que la crearon. Este fenómeno es especialmente evidente en todo lo relativo al movimiento LGTBIQ+ en la entrada en el siglo XXI, momento en el que coincide, por una parte, la euforia por los éxitos conseguidos, y por otra parte, el mayor apagón sufrido por el activismo LGTBIQ+. El matrimonio entre personas del mismo sexo se legaliza en el Estado español el 3 de julio de 2005; se imponen los discursos asimilacionistas[14] dentro del colectivo; las manifestaciones anuales del Orgullo LGTBIQ+ son cada vez más multitudinarias y se convierten en una pasarela de carrozas publicitarias para empresas asociadas (o no) al propio colectivo. El capitalismo se hace con la marca gay, con un doble efecto: aumentar la visibilidad del colectivo a la vez que despolitizar por completo cualquier simbología. Es lo que se conoce como capitalismo rosa y las estrategias de *pinkwashing*.

---

13 Tomo prestado el término acuñado por Elisa McCausland Arrate Hidalgo (2018), y siguiendo su misma línea, entiendo lo cuqui-queer como una propuesta cándida y amable, aunque esa aparente candidez contrasta, en ocasiones, con el tratamiento de temas profundos. Para más información sobre esta idea, ver https://revista.tebeosfera.com/documentos/representacion_autoria_y_estrategias_queer_en_el_comic_contemporaneo.html

14 Me gusta la definición, clara y sintética, que realiza Pau López Clavel: "Este modelo aspira a convertirse en el sujeto ideal de derechos por parte de aquellos sectores que defienden la integración, por la vía de la asimilación, de las personas no heterosexuales en la sociedad heteronormativa, eliminando todo aquello que suponga un escollo para la pretendida normalidad" (2015, p. 138).

Nos encontramos, por lo tanto, ante una situación de relativa normalización del colectivo LGTBIQ+. Esto que resulta, sin duda, positivo, ya que supone un reconocimiento de derechos e igualdad, puede también tener efectos negativos en lo que respecta al abandono de la lucha por una justicia social más amplia, al igual que "el apuntalamiento de la heteronormatividad, y con ella del carácter siempre subalterno y minoritario de las heterodoxias sexuales y de género" (López Clavel, 2015, p. 151). Ante las políticas asimilacionistas, los enfoques queer defienden que "la diferencia humana no debería florecer en el perfeccionamiento de las estructuras existentes, sino en la invención creativa de otras nuevas" (Halberstam, 2012, p. 165). Siguiendo esta línea argumental según la cual los éxitos obtenidos no deben cegar al colectivo respecto a otras cuestiones, puede resultar interesante hacer eco de las palabras de la periodista Marta Villena (2023), donde destaca la necesidad de un activismo para hacer frente a los procesos de normativización:

> Es fácil dejarse mecer por la normatividad (encajar te ahorra mucho trauma y dinero en terapia), pero no deberíamos coger esa zanahoria. Disfrutemos de los derechos conquistados, que para eso se ha derramado mucho sudor y hasta sangre, seamos visibles, pero, por favor, que lo lesbiano no nos quite lo bollero. (Villena, 2023)

Esta reflexión particular deja entrever la cuestión de la escasa participación de muchas lesbianas en el activismo LGTBIQ+, que puede deberse a una combinación de factores históricos, sociales, políticos y personales. En el caso de las lesbianas mayores, muchas optan por un perfil bajo, centrándose en sus círculos íntimos o en proyectos personales. Sin embargo, si retomamos el argumento de Torras (2011), esta escasa participación puede aceptar una relectura, vinculándose a otras maneras de relacionarse, en las que lo micro supera a la visión macro, potenciando las pequeñas redes por encima de luchas más impersonales y desvinculadas de la realidad inmediata. También Sender (2004) se apoya en un argumento similar, sugiriendo que existe un antagonismo entre lesbianismo y capitalismo. Según estos enfoques, el hecho de que las lesbianas no participen del consumismo tradicional[15] puede suponer una oportunidad. En esta línea, Halberstam subraya el potencial del fracaso "como rechazo del dominio total, una crítica de esas conexiones intuitivas que se dan dentro del capitalismo entre éxito y beneficio, y como un discurso contrahegemónico sobre la pérdida" (Halberstam, 2018[2011], p.23). Frente al discurso recurrente de la discriminación, surgen otras maneras de vivir en una sociedad capitalista y tomar posiciones disidentes —incluso desde la propia inconsciencia política—, en favor de alternativas empáticas y sostenibles. Y así volvemos al planteamiento, plenamente vigente[16], de Wittig (1992):

- Las lesbianas no son mujeres.

- Las lesbianas son seres monstruosos y marginales.

---

15 Sender (2004) también se refiere a los cambios recientes en las estrategias de marketing, destacando cómo ciertos nichos han comenzado a reconocer a las lesbianas como un mercado potencial debido a la creciente aceptación de las relaciones entre mujeres en los medios. Sin embargo, este reconocimiento aún es desigual y continua respondiendo a una representación limitada o estereotipada (por ejemplo, el turismo LGBTQ+ o productos ligados al orgullo).

16 Como ejemplo, recomiendo la lectura del artículo https://elpais.com/planeta-futuro/2025-01-02/mujeres-queer-y-derechos-humanos-en-guinea-ecuatorial.html El artículo está basado, a su vez, en el libro *Cuerpos marcados, vidas que cuentan y políticas públicas* (Bellaterra, 2019), editado por Lucas Platero y Silvia López.

- El lesbianismo es, por el momento, la única manera de vivir en libertad.

Las teorías de Wittig sobre la sexualidad y el género han tenido una influencia significativa en la teoría queer, puesto que contribuyen a la deconstrucción del binarismo de género y al reconocimiento de identidades sexuales y de género múltiples y fluidas. Nos interesa, por tanto, preguntarnos "sobre los lugares de apropiación de la masculinidad en cuerpos que han roto con la feminidad obligatoria y que por ello suponen una especial amenaza para una sociedad como la nuestra, donde la norma pasa por la sacralización de la diferencia sexual" (Platero, 2009, p. 405). Ante nuestros ojos, aparece un sujeto disidente y marginal, capaz de hacer oposición ante un sistema capitalista voraz y eminentemente cisheterosexual: una mamarracha de pies a cabeza[17]. Esta mamarracha se lanza a una aventura en busca de nuevos horizontes: "adiós continente negro de miseria y de pena adiós viejas ciudades nosotras embarcamos hacia las islas brillantes y radiantes hacia las verdes cítaras, hacia las negras y doradas Lesbos" (Wittig, 1977[1973], p. 17). Se trata, por lo tanto, de maximizar este potencial subversivo mediante estrategias que permitan resquebrajar el silencio lesbiano y fomenten los lazos de apoyo y solidaridad para desestabilizar este sistema capitalista y cisheterosexual. Entre estas estrategias destaca el humor y el espíritu irreverente que muchas lesbianas masculinas adoptan para resistir las críticas sociales, convirtiéndose ambos en pilares esenciales para el desarrollo de este sujeto mamarracho. Como sostiene Halberstam, se trata de potenciar

---

17 "...frente al horror abyecto que muestran las mujeres que la contemplan, [la lesbiana] exhibe orgullo y gozo de saberse anormal" (Balza, 2013, p. 103).

lo interdisciplinar mediante el desarrollo de unas prácticas alternativas:

> prácticas de conocimiento que rechazan tanto la forma como el contenido de cánones tradicionales, que pueden conducir a formas ilimitadas de especulación, formas de pensar que no se vinculan al rigor y al orden sino a la inspiración y a lo impredecible. (Halberstam, 2018[2011], p.22)

Las estrategias mamarrachas, ese escarbar en nuestro lado más payaso, abren paso a la desinhibición y permiten abordar temas percibidos como complicados o negativos. Desde el humor, la (auto)parodia, la performance mamarracha, y la creación artística al estilo mondongo, podemos encontrar maneras para resquebrajar ese silencio, además de fomentar los lazos de solidaridad y el sentimiento de pertenencia de las lesbianas mayores. De alguna manera, "estamos formateadas para evitar entrar en contacto con nuestro propio lado salvaje" (Despentes, 2007, p. 88). En este sentido, lograr un espacio-tiempo para que las lesbianas mayores conozcan a la mamarracha que llevan dentro puede tener un impacto significativo en su bienestar. Contribuir a su desparrame vital puede facilitar la caída del muro de silencio lesbiano, para no dejar atrás a un colectivo permanentemente invisibilizado en el proceso de construcción de un nuevo paradigma de diversidad sexo-género y afectiva.

DO THE MAMARRACHA,
BABY ONE MORE TIME:
ESTRATEGIAS PARA LAS LESBIANAS MAYORES

La lectura del libro *Gaga Feminism* (2012) de Jack Halberstam ha inspirado y reforzado algunas de las ideas de esta propuesta, así como también ha alimentado mi firme creencia de que es necesaria una revolución bollera y mamarracha en la que participen activamente las lesbianas mayores (50+) para lograr una plena transformación de las estructuras hegemónicas. Y porque nos lo merecemos.

Partiendo del análisis de Halberstam acerca de la cultura popular y sus conexiones con el feminismo, la teoría queer y los movimientos políticos, pretendo explorar las diversas formas en que las lesbianas mayores podemos llegar a una comprensión crítica de nuestra historia. Se busca abrir caminos para reconciliarnos con nosotras mismas y para nuestra liberación mediante el carácter performativo del sujeto mamarracho, o lo que es lo mismo, sujetos que desafían las normativas de género y sexualidad y que se mueven entre lo vulgar, lo esperpéntico, y lo paródico. Como sostiene Halberstam, "fracasar es algo que las personas queer hacen y han hecho siempre muy bien" (Halberstam, 2018[2011], p. 14-15). Es mi intención aquí presentar y desarrollar estrategias que contribuyan al fracaso más estrepitoso, con todo su ruido y su furia, y que permitan abrazar al sujeto mamarracho que llevamos dentro. En el marco de la teoría del fracaso, la lesbiana masculina representa un sujeto que no solo "fracasa" ante las expectativas heteronormativas, sino que lo puede hacer con orgullo. Mediante estas estrategias se pretende crear conocimiento a partir de las propias experiencias, y, sobre todo, utilizar la pregunta como sabotaje de aquello conocido, para interrumpir el orden, y para ser permeadas por los nuevos matices que aportan esos conocimientos. Para este propósito, la creación artística abre canales que permiten profundizar en las diferentes formas de opresión culturales y estructurales, a la vez que se abren también espacios y posibilidades de actuación y agencia personal (Acereda y Casado, 2023).

No es fácil, sin embargo, que un colectivo mayormente hermético y de acceso complejo se sume a iniciativas mamarrachas de motu proprio. Para muchas lesbianas, reconocer su propia identidad sexual a nivel público es un arduo camino:

> Para las mujeres lesbianas la visibilidad no es una cuestión fácil y han de realizar un enorme esfuerzo para afrontar y superar los numerosos obstáculos con los que conviven (miedos, vergüenzas, culpabilidades, sentimientos de diferencia, rareza o anormalidad, soledad, silencio y homofobia interiorizada) hasta poder llegar a decir "no soy heterosexual, soy lesbiana". (Mujika, 2007, p.385)

Por ello, es fundamental recurrir a espacios seguros y a las redes de amistades entre lesbianas y otras personas del colectivo LGTBIQ+. Diversos estudios apuntan a que las lesbianas mayores se encuentran especialmente bien entre otras lesbianas (EL*C, 2023). Para algunas de las participantes en el estudio de Jane Traies (2015) sobre la naturaleza de la amistad y el sentido de comunidad entre lesbianas mayores en el Reino Unido, casi todas sus amigas cercanas eran lesbianas y constituían círculos duraderos y muy unidos. Incluso para las lesbianas que sí mantienen relación con sus familias de origen, los contactos más estrechos y más frecuentes son con sus amigas, la familia por elección (EL*C, 2023). El grupo de amigas —la bollipandi— es fundamental para las lesbianas por varias razones, principalmente porque "el encuentro con las similares y la conciencia de que no se está sola en el mundo rompen con el sentido de aislamiento y soledad" (Viñuales, 2006[1999], p.63). El grupo de amigas lesbianas proporciona apoyo emocional, un sentido de comunidad, y un espacio seguro para la autoexpresión donde pueden compartir sus experiencias y sentimientos sin temor a ser juzgadas. Por otra parte, la bollipandi fortalece la autoestima, "posibilitando una mejoría en la percepción que se tiene del lesbianismo y de una misma" (Mujika, 2007, p. 351) y proporciona "soporte ideológico y emocional con el que enfrentarse al estigma" (Viñuales, 2006[1999], p. 62). Este apoyo es crucial para su bienestar mental y emocional, especialmente en entornos donde aún pueden enfrentar discriminación y prejuicios. Aquellas personas del colectivo que han crecido con pocas oportunidades de contactar y socializar con comunidades LGTBIQ+ tienen más probabilidades de encontrar dificultades a la hora de identificarse con su orientación sexual o pueden no sentirse cómodas, prefiriendo mantenerlo en privado (Mujika, 2007).

Además de la capacidad de afrontamiento personal, los recursos que operan a nivel de grupo pueden resultar beneficiosos para la salud mental (Meyer, 2003). Como señala Viñuales (2002), las mujeres que se reconocen como lesbianas suelen compartir algunos elementos en este reconocimiento: "el proceso de revelación o coming out, la conciencia de la diferencia y las estrategias de adaptación"

(p. 76). Aunque estos elementos no siempre tengan el mismo significado para todas las lesbianas, funcionan como un nexo que podría explicar esa necesidad de compartir lazos de amistad con otras lesbianas, como sostiene en la web de Pikara Magazine la periodista y escritora Andrea Momoitio (2021):

> La búsqueda de espacios entre iguales, lo que llamamos informalmente 'el ambiente', ha sido una de las estrategias de resistencia históricas más importantes, que ha ido adaptándose a las nuevas formas de relacionarnos que tenemos hoy. De los bares de Chueca a las aplicaciones para ligar, muchas lesbianas buscamos la manera de encontrarnos con otras que tienen experiencias similares a las nuestras para seguir resistiendo.

En la línea de lo planteado por Balza (2013) en su análisis de la obra de Wittig, en un mundo en el que las mujeres están sometidas al sistema heteropatriarcal, los bares se convierten en limbos, lugares de huída para las mujeres fugitivas donde encontrarse con otras fugitivas. Es importante recordar que, en el caso de las lesbianas y gays, muchos aprendizajes básicos "no se realizan cuando deberían hacerse, es decir, en la adolescencia y en la primera juventud" (Mujika, 2007, p. 266). Las vidas lesbianas, por lo tanto, desafían las estructuras rígidas de tiempo y espacio de diversas formas, y se inscriben en una temporalidad queer (Halberstam, 2005). Aunque las lesbianas mayores puedan mantener, al menos en apariencia, una temporalidad normativa, mayoritariamente rompen la crononormatividad en alguna de sus vertientes. Esto puede ser el resultado de alguno o varios de los siguientes factores:

- Las experiencias de descubrir el propio lesbianismo a menudo causan situaciones de crisis personales. Estas crisis "se dan en un momento social donde supuestamente estas cosas no tienen por qué ocurrir, dados los avances legislativos y la gran cantidad de información que se está originando sobre estos temas" (Mujika, 2007, p. 136).

- No viven plenamente su adolescencia/juventud en el momento marcado por el heterocrono, ya que en muchos casos pasan esos años formativos en ambientes homófobos (Choi y Meyer, 2016); en ocasiones, no llegan nunca a disfrutar de ese momento, debido, en parte, al peso que supone la vergüenza de salir del armario constantemente

- Viven en un permanente estado de juventud y *niegan* su vejez, en parte por la no procreación y/o esa esa juventud tardía, así como el prejuicio hacia la vejez tanto en la sociedad en general como en el propio colectivo (Mujika, 2007).

- Viven una vejez prematura, por soledad, abandono familiar, depresión, o problemas de salud mental que pueden estar asociados al estrés de minorías (Meyer, 2003).

Una vez más, se refuerza la idea de que el lesbianismo es visto como "un desafío a las pautas de la sexualidad normativa" (Goicoechea et al., 2019, p.309) y, por lo tanto, las mujeres lesbianas necesitan encontrar espacios a donde huir y donde poder ser ellas mismas. Como animales que buscan refugio en sus cuevas o madrigueras ante especies depredadoras, las lesbianas también recurren a espacios seguros donde encontrarse con otras lesbianas y vivir su propio tiempo queer. En este sentido, los bares son más que simples lugares de entretenimiento; son espacios vitales para la comunidad lesbiana. A través de su historia, función social y papel en la visibilidad y resistencia, los bares

EN NOCHES

DE PÁRPADOS CAÍDOS

BUSCO MAMARRACHAS
QUE ALTEREN MI PAZ
PORQUE SOIS BARLOVENTO
PARA ESTE CABO SUELTO
Y YO
—TREMENOPÁUSICA
DE CULO INQUIETO—

TAMBIÉN DESEO
BAILAR

han demostrado ser fundamentales en la construcción de identidad y comunidad.

Además, los bares son esenciales para contrarrestar los perjuicios del estrés de minorías (Meyer, 2003). Para mitigar los efectos negativos que provoca el hecho de lidiar con los prejuicios y la discriminación persistentes, las lesbianas cuentan con su grupo de amigas, sus aliadas, y cuentan también con la fiesta como espacio para la sanación de las heridas y la reparación del daño. Así, el bar se erige como punto de encuentro de la comunidad, como lugar de transgresión de los patrones heterosexuales, un espacio donde escapar del control social, y como lugar para la celebración, imagen que se recoge perfectamente en el libro *Stone Butch Blues* de Leslie Feinberg (2021):

> *El viernes siguiente el bar estaba hasta arriba. Todas nos reíamos y bailábamos.* (p.59)

> *El nuevo club tenía una pista de baile más grande, pero solo había una salida. No obstante, tenía una mesa de billar, y Edwin y yo nos pasábamos horas jugando, hasta que salía el sol.* (p. 91)

> *Las noches de los sábados las pasaba en el bar gay. Me sentía bien.* (p. 132)

Aunque no hay un acuerdo generalizado sobre si "el ambiente" es positivo o no, la falta de locales específicos puede suponer un reto para las lesbianas a la hora de darse a conocer y conocer a otras lesbianas. Aunque existen cada vez más aplicaciones y páginas web diseñadas para cubrir este vacío, muchas lesbianas mayores son reacias a utilizar estos métodos para conocer a otras lesbianas, prefiriendo recurrir a los métodos tradicionales: acudir a la entidad LGTBIQ+ de referencia, asistir a eventos para el colectivo, establecer grupos de Whatsapp o Telegram (u otras plataformas) entre amigas, grupos que van creciendo a medida que se incorporan nuevas amistades, etc. Estos métodos tradicionales fomentan el encuentro físico, lo que a su vez repercute en una mayor espontaneidad y capacidad de establecer vínculos de confianza.

Todos estos aspectos son de gran importancia en la creación de pequeñas (o grandes) redes de amistad, que, a su vez, juegan un papel fundamental en nuestro devenir mamarracho. Una no se hace mamarracha en soledad: se requiere de una pandilla que dé soporte a los actos mamarrachos y que contribuya a crear el espacio de seguridad necesario. Estas prácticas mamarrachas no buscan una visibilidad social sino que responden a otros objetivos más personales. Teniendo en cuenta las aportaciones de Torras (2011) al respecto, "nuestra lucha no implicará siempre y en cualquier caso salir fuera de todos los armarios necesariamente" (Torras, 2011, p. 142). Nuestra lucha mamarracha supondrá, en cambio, un reconocimiento personal, una reconciliación con nuestro pasado, un acto de velar por nuestra autoestima, y también un ejercicio de responsabilidad para con nosotras mismas. De la misma manera que resulta más sencillo poder identificarse como lesbiana cuando se cuenta con una bollipandi, también es más fácil ser una mamarracha y actuar como tal cuando te rodeas de otras mamarrachas. El proceso de reafirmarnos como sujetos mamarrachos tiene que ver con nuestro propio reconocimiento como lesbianas y, en última instancia, con una evolución hacia lo bollero.

En este sentido, puede ser interesante desarrollar más ampliamente las dificultades que enfrentan las lesbianas para elegir y usar términos de su agrado que se refieran a su orientación sexual. Como apunta Beatriz Suárez (2013), las lesbianas se refieren a sí mismas de diversas maneras, y la elección está relacionada "con motivos sociológicos y de historia personal: los años que se tengan, la integración o no en cualquiera de las subculturas y/o comunidades lesbianas, el grado de politización" (Suárez, 2013, p. 27). El estudio llevado a cabo por Ángeles Goicoechea et al. (2019) pone de manifiesto que algunas mujeres se sienten incómodas con la palabra "lesbiana", lo que podría apuntar al hecho de que "falta una representación cuyo nombre proceda del lugar adecuado: la experiencia subjetiva de las mujeres homosexuales, lo que pone de manifiesto hasta qué punto alcanza su invisibilidad" (Goicoechea et al., 2019, p.307). Otros estudios, como el de Mujika (2007) también ponen de manifiesto esta diversidad en el uso de términos para referirse a la propia experiencia, y hacen mención del rechazo que causa la palabra "lesbiana", especificando que no todas las mujeres que mantienen relaciones afectivo-sexuales con otras mujeres se identifican por completo con ese término.

Este rechazo a los diferentes apelativos resulta significativo, especialmente cuando se asocia a la invisibilidad, tan frecuentemente vinculada al lesbianismo. El debate entre la tranquilidad y la seguridad en el ámbito personal y privado, y el bienestar colectivo pueden presentarse como imanes de polos opuestos:

> Mantener actitudes de reserva, resistirse a ser nombradas y catalogadas como lesbianas son cuestiones absolutamente legítimas y entra dentro de la libertad que tenemos las personas para acogernos y adaptarnos a las identidades sociales que se establecen en torno a la sexualidad [...] Pero las ventajas que se obtienen en el ámbito individual se pierden cuando se analizan a un nivel colectivo las dificultades para nombrar las experiencias lésbicas, ya que la falta de nombres o la falta de adscripción inequívoca a uno no deja de ser problemática cuando una realidad tiene que ser visibilizada y legitimada socialmente. (Mujika, 2007, p.118)

Según Goicoechea et al. (2019), lesbiana es el nombre mayormente aceptado por las entrevistadas en su estudio (75,6%), bollera se utiliza con connotaciones reivindicativas (2,4%) o coloquiales (4,87%), mientras que otras mujeres prefieren referirse a sí mismas como homosexuales o gays. Para algunas personas, el término bollera conlleva muchos otros matices, una lucha transversal más allá de la mera identidad sexual. Así, Villena explica esa acepción reivindicativa de la palabra "bollera" de la siguiente manera:

> Ser bollera trasciende la orientación sexual, es una identidad en sí misma, y no tiene que ver con ser mujer (yo no lo soy), ni con tener coño. Ser bollera es ser marica, gorda, transfeminista, antirracista, anticapacitista, anticapitalista [...]. Lo bollero es todo aquello que se sitúa en los márgenes, es aquello que molesta. (Villena, 2023)

Teniendo en cuenta que muchas lesbianas mayores se han visto obligadas a vivir su lesbianismo en la esfera de lo íntimo y personal, es frecuente encontrarse con este rechazo a usar palabras que se refieran a su propia orientación sexual. Podríamos distinguir, entonces, tres niveles de adhesión a la terminología entre las lesbianas:

1. Rechazo a cualquier término, a veces resultado de una honesta desvinculación con las diferentes etiquetas, a veces relacionado con situaciones de lesbofobia interiorizada.

2. Aceptación de términos neutros como lesbiana, homosexual o gay, que podría revelar un proceso de normalización de la propia experiencia lésbica, y una probable adhesión a las corrientes asimilacionistas y a la homonormativización de las identidades gay y lesbiana.

3. Utilización prevaleciente de términos denigrantes en su origen, especialmente "bollera", que se podría vincular a un activismo y un sentido de pertenencia a la comunidad LGTBIQ+.

El sujeto mamarracho en su pleno desarrollo se sitúa en este último peldaño —bollera—, no tanto por un involucramiento en el activismo formal, sino porque encarna la máxima de "lo personal es político". Una mamarracha hace política incluso desde el desprecio por ese tipo de posiciones.

El hecho de que la palabra "bollera" sea vinculada frecuentemente con activismo LGTBIQ+ presupone un componente de visibilidad. Se es bollera cuando se reconoce la orientación sexual públicamente y se participa activamente en favor del colectivo LGTBIQ+. La visibilidad, a su vez, está ligada a la pluma: no solo eres lesbiana sino que lo pareces[18]. Los enfoques queer han permitido repensar conceptos como la pluma y la visibilidad poniendo en práctica estrategias como la reapropiación de los insultos. Dentro de las herramientas para nuestra transformación en sujetos mamarrachos y bolleros, la utilización por el propio colectivo de términos hasta ahora denigrantes supone un doble efecto: desactivar el componente ofensivo y fomentar el sentido de pertenencia. Nombrarnos como lesbianas, bolleras, camioneras y marimachos puede llegar a tener un efecto terapéutico. Jugar con los términos dentro de nuestra bollipandi, en ese espacio seguro donde hacer el gamberro sin temor a sentirnos señaladas, no solo nos reconcilia con nuestra orientación sino que nos permite

---

18 Y aquí volveríamos a referirnos a la importancia del giro visual en la creación de imaginarios colectivos, estereotipos y otros tópicos: lesbiana es la mujer de aspecto masculino, que se comporta o tiene comportamientos similares a los de un hombre, etc., según las normas estalecidas por un sistema cisheterosexual.

coger fuerzas para enfrentarnos a contextos potencialmente hostiles.

Aunque la sociedad cisheteronormativa ha aprendido, en mayor medida, a reconocer la existencia de las personas LGTBIQ+ y sus derechos, el rechazo a los elementos que pueden hacer visible la homosexualidad sigue plenamente vigente. La plumofobia está presente en todos los ámbitos, incluso dentro del propio colectivo. Las lesbianas con pluma tienen más dificultades para ser aceptadas socialmente y se enfrentan a mayores posibilidades de violencia y discriminación. Como señala Viñuales, "las denominadas *camioneras*, gozan de poca aceptación entre las jóvenes, quienes, en su proceso de identificación con sus pares, tienden a rechazarlas porque confirman estereotipos sociales" (2006[1999], p. 86). Se erigen como *queerpos queer* en una "transgresión política del cuerpo que cuestiona las normas sociales que nos hablan sobre qué es un cuerpo, cómo funciona, para qué sirve, cuáles son sus límites y de qué maneras

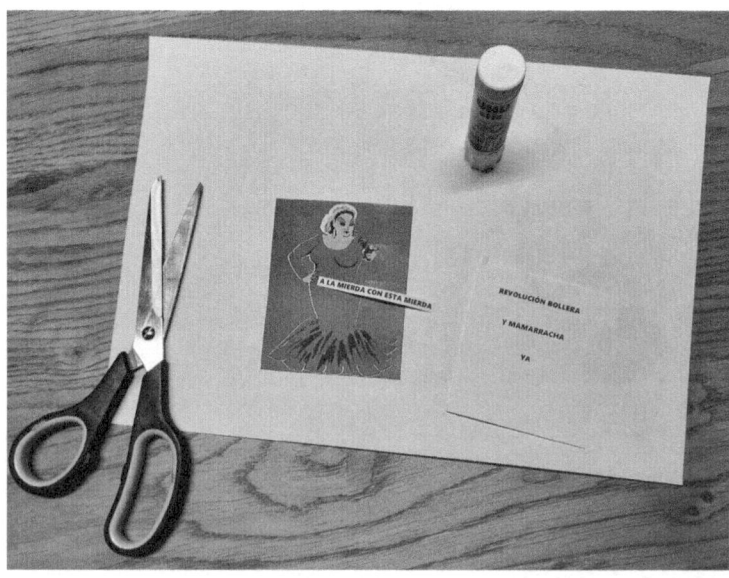

se puede relacionar con otros cuerpos" (Amigo-Ventureira e Iturri, 2023, p. 133).

Una lesbiana marimacho es la que vive y sufre en sus carnes el peso de su lesbianismo, siendo posible objeto de insultos, burlas, y diferentes grados de violencia. Si la reapropiación de los insultos puede ser un mecanismo reparador, la exageración de la pluma resulta altamente transgresora. En ese sentido, las estrategias encaminadas a resaltar los elementos asociados a la masculinidad son potenciales herramientas contra la cisheteronorma: disfraces, vello corporal, poses, actitudes y lenguaje, etc. Para los sujetos mamarrachos, el humor representa una herramienta al servicio de la resistencia contra la opresión, y visibilizarse exagerando la pluma bollera es una estrategia para que "la incomodidad se la queden los otros" (Acereda y Casado, 2023, p. 63). En la teoría queer, se ha hecho referencia al concepto de "poner el cuerpo" en el contexto de la performatividad de género y la resistencia ante normas sociales

opresivas. El acto de "poner el cuerpo" suele entenderse como una manifestación física y política que implica una disposición activa a involucrarse y exponerse corporalmente en situaciones que desafían las convenciones de género, la normatividad sexual o las estructuras de poder.

Las estrategias mamarrachas y bolleras permiten centrar nuestra atención en lo que Patricia Karina Vergara (2018) denomina "la cuerpa[19] lesbiana" en referencia a:

> (...) aquella unidad físico–biológica con genitales y características que le asignan el sexo femenino, pero que no es el cuerpo femenino construido en relación y/o correspondencia al masculino, si no esa construcción de para sí misma en una lógica diferente a la de la heterosexualidad. (Vergara, 2018)

Así, el cuerpo se convierte en un medio central de activismo queer y mamarracho. Performances, actos públicos y la subversión de la apariencia son formas en que las personas queer utilizan su cuerpo como una herramienta política. En este sentido, la obra de Cassils, especialmente su performance *Becoming an Image*, es un claro ejemplo de la exploración de temas como la visibilidad, la resistencia y el empoderamiento queer a través de un cuerpo fuera de la normatividad. Los cuerpos que se desvían de las expectativas sociales son relegados a los márgenes y al terreno de lo animal:

> Toda aquella mujer que por alguna razón se aleja de la norma establecida, ya sea la norma sexual/genérica o la norma social, es tildada de monstruosa. En este caso, se atiende sobre todo a la

---

19 En adelante, manejaré los conceptos de cuerpo y cuerpa de manera indistinta.

* (Fotografía izquierda): *No es una invitación al vandalismo, sino una intervención desde una perspectiva queer de espacios ya vandalizados. Nuestras farolas y contenedores recogen la creatividad cisheteronormativa y capitalista. ¿Por qué no una vuelta de tuerca?*

norma moral. Pero también son mujeres monstruosas las consideradas tales por no adecuarse con su corporalidad a las normas imperantes. Ejemplos de ello son las mujeres barbudas, las hipertricosas (aquellas que padecen hirsutismo o el síndrome del hombre lobo), las transexuales, las gordas o las flacas-anoréxicas. (Balza, 2013, p.97)

A través de la destrucción y remodelación del bloque de arcilla, Cassils se convierte en una imagen de resistencia que cambia constantemente, desafiando las imágenes fijas o estereotipadas del cuerpo queer. Al mismo tiempo, el propio concepto de performance supone un acto de resistencia ante los propósitos de comercialización y representación estática de lo queer: la performance mamarracha se resiste a la asimilación y al control. Al igual que Cassils, es la cuerpa donde esculpimos nuestra verdad, porque también es la fuente de nuestra monstruosidad. Las lesbianas que son leídas como masculinas desde un ocularcentrismo occidental se configuran automáticamente como fichas que no encajan en el puzle del binarismo de género, y por lo tanto, pertenecen a lo animal y monstruoso:

> La cuerpa en tanto que construcción política, ya sea desde su visibilidad o desde el momento en que se enuncia como irruptora

del régimen político, es una bomba incendiaria, un allanamiento material a las instituciones patriarcales, ante las lógicas del régimen heterosexual. (Vergara, 2018)

Así como Cassils propone su performance para ejemplificar las limitaciones de la masculinidad y feminidad impuestas, el dúo artístico conformado por Helena Cabello y Ana Carceller se centra en la exploración de las masculinidades no normativas y su relación con la disidencia y la resistencia. Cabello/Carceller utilizan performances y fotografías para cuestionar los códigos y comportamientos tradicionales asociados con la masculinidad hegemónica. En sus performances en espacios públicos, el cuerpo se convierte en una herramienta de disidencia que desafía las convenciones sociales sobre género y expresión corporal. Inspiradas en la teoría de la performatividad de Judith Butler (2007[1990]), Cabello/Carceller demuestran cómo la masculinidad se construye y se reproduce a través de acciones y gestos:

> Donde se manifiesta, la cuerpa, interpela, cuestiona e incluso llega a dinamitar visiones ya concebidas de cómo es o cómo debe de ser la vida, las lógicas institucionales e incluso la aplicación de la ciencia y la tecnología concebidas desde la heterocentralidad. (Vergara, 2018)

En este sentido, los sujetos mamarrachos pueden encontrar en la performance drag (king y queen) un espacio de disidencia y liberación. Siguiendo la teoría de la performatividad de Butler, el espectáculo drag puede verse como una amplificación de la naturaleza construida y repetitiva del género. Como en una fiesta de disfraces infantil o en un desfile de carnaval, las lesbianas mayores y marimachos pueden jugar a disfrazarse, exagerando hasta el extremo los indicios de masculinidad o feminidad: cowboys, policías, bomberas, enfermeras sexy, monjas, institutrices, etc. Si en el pasado, como sostiene Lima Caminha (2016), las mujeres que deseaban desarrollarse como sujetos cómicos únicamente podían hacerlo travistiéndose de hombre y asumiendo el disfraz del payaso augusto, más como una obligación o una manera de supervivencia, se trata aquí de retorcer este pasado y disfrazarse por pura diversión o vocación mamarracha. La antropóloga Alba Pons (2018) explica así su propia transformación en drag king:

> No es, pues, que en los talleres hayamos "sido hombres", pero performar masculinidades plurales, más o menos hiperbólicas, más o menos paródicas, nos ha permitido generar un espacio inédito de reflexión sobre la autenticidad de nuestras feminidades supuestamente originales y naturales. Al quitarnos de encima unas capas y ponernos otras, hemos entendido que nuestra performance cotidiana de género es tan construida, limitada y plagiada como la que producimos artificialmente en los talleres. A partir de la reflexión corporal que supone modificar tu centro, mirada, voz, manera de ocupar el espacio —y observando los cambios que se producen inmediatamente en el entorno y las interacciones que lo habitan—, hay una concienciación del proceso mediante el cual somos lo que somos, resquebrajándose así algunas de las certezas que nos sostenían identitariamente. (Pons, 2018, p. 71)

Tal y como sostiene Platero (2009), "las vivencias butch/femme, libres ya de la acusación de reproducir una heterosexualidad al uso, son tremendamente liberadoras y excitantes" (p.407). Siguiendo el camino de antecedentes mamarrachos como es el caso de Ocaña, observamos que los disfraces tienen un potencial desestabilizador, además de proporcionar un momento de diversión. Organizar una quedada butch en un bar de moteros, por ejemplo, y hacer gala de las camisas de cuadros y el pelo engominado supone una manera de transgredir la cisheteronorma y romper con los estereotipos, evidenciando además que "toda experiencia corporal y de género tensiona las categorías identitaria" (Pons, 2018, p. 72). En este sentido, la lesbiana masculina, al irrumpir y fisurar otras identidades, puede habitar esas categorías y dotarlas de nuevos significados:

> Desnaturalizar, fragmentar y dispersar la representación unitaria de las identidades, haciendo vibrar la tensionalidad de su signo en todos sus pliegues y contradicciones, activa el descentramiento de las narrativas lineales del guion de sexo/género/deseo y su reduccionismo a las lógicas binarias de la realidad. Identidades como categorías fisuradas por la sospecha antiesencialista de que no hay verdades originarias ni fundamentos primigenios que garanticen el significado pleno de alguna identidad-propiedad. La reinvención del significado de las categorías se logra habitándolas, diluyendo sus fronteras, tallando sinuosidades que esfuman los caminos mesurados, promoviéndolas como lugares de problematización permanente. (flores, 2013, p. 186)

Con el objetivo de indagar en los límites del binarismo de género y de explorar en otras masculinidades, así como reivindicar la imperfección y la alteridad desde una perspectiva monstruosa, las estrategias mamarrachas recurren a la fotografía, a la performance, a los videomontajes, y otras técnicas que se pueden desarrollar desde prácticas de autoedición o fanzineras (Sentamans, 2023) conocidas como DIY (*do it yourself*, hazlo tú misma), DIWO (*do it with others*, hazlo con otras) y DIT (*do it together*, hacedlo juntas), principalmente en espacios íntimos y de confianza. Este tipo de estrategias buscan "descubrir lo no visible, lo invisible, lo no visto, lo a-normal, como nuevos lugares de producción de conocimientos alternativos" (Lozano, 2010, p. 24). La fotografía de Laura Aguilar, por ejemplo, nos permite ver otros cuerpos: especialmente cuerpos grandes y queer, en contextos que celebran su presencia y su conexión con el entorno. Sus imágenes frecuentemente muestran su propia cuerpa desnuda, desafiando la mirada

normativa. Igualmente, la obra de Catherine Opie induce a la exploración de la identidad, el género, la sexualidad y las comunidades marginadas. Opie se centra en representar cuerpos a-normales: cuerpos queer, tatuados, perforados o andróginos. Su serie *Being and Having* (1991), por ejemplo, aborda la construcción de identidades butch en la cultura lésbica a través de retratos que desafían los estereotipos de género. En estas obras encontramos, por lo tanto, una paleta de posibilidades mamarrachas en las que inspirarnos para dejar brotar nuestra creatividad bollera.

Al igual que Opie, la pareja de artistas Bob Flanagan/ Sheree Rose recurre al cuerpo para desafiar las representaciones estereotipadas de la discapacidad y la enfermedad. Incorporan las prácticas BDSM en sus performances, vídeos y textos, explicitando el dolor físico y mental, con los objetivos de subvertir los roles de género normativos, confrontar la masculinidad hegemónica y visualizar la discapacidad. A través de la representación de cuerpos que subvierten la norma, como sugiere McRuer (2006) en referencia a los cuerpos crip, se hace posible el "acceso a otros mundos y futuros" (p. 208). Estos ejemplos, en sus diferentes formatos, están relacionados con el concepto de "poner el cuerpo". Los sujetos mamarrachos, de manera intrínseca, ponen el cuerpo por su forma de vestir, actuar o relacionarse. Flanagan pone el cuerpo al clavar su pene al taburete en el que está sentado durante su performance *You Always Hurt the One You Love* (1991). El caso de Divine, la drag queen y musa de John Waters mencionada en la primera parte de este trabajo, representa el cruce entre lo camp, la teoría queer y la idea de "poner el cuerpo". El cuerpo de Divine rompe con las expectativas sociales: es grande y difícil de leer como hombre o mujer. Como sostiene Vergara (2018), "hay cuerpos que no cumplen las tareas

ni las estéticas esperadas, que se rebelan, que desobedecen".
Divine, al igual que otros sujetos mamarrachos, se apropia
de su estatus de monstruo o freak, emparejándose con la
lesbiana de Wittig, y convierte esta deshumanización en
una herramienta de empoderamiento. A través del humor,
el absurdo y el mal gusto, Divine nos muestra el profundo
rechazo a la aceptación o asimilación, decantándose por
una vida en los márgenes desde donde llevar a cabo la resistencia mamarracha.

Y es que lo camp es otro rasgo frecuente en los sujetos
mamarrachos: la celebración de lo exagerado, lo artificial,
lo teatral y lo kitsch, reconociendo el carácter performativo de la existencia humana. Podemos observar, por tanto,
que los sujetos mamarrachos recurren, en gran medida, al
humor, a la parodia, y a la exageración para lidiar con situaciones estresantes, difíciles o dolorosas en sus vidas (Kuiper
et al., 1993). El humor como herramienta de resistencia es
polifacético: en su capacidad de subvertir, criticar, unir y
sanar, desafía las estructuras opresivas al combinar risa y crítica en un solo acto. Representa también una oportunidad
de resiliencia y empoderamiento. Este empoderamiento
humorístico permite que los sujetos oprimidos se liberen
temporalmente de su subordinación, generando una perspectiva crítica y positiva en medio de las adversidades, y
recordándonos en todo momento que "que te tomen en
serio significa perder la oportunidad de ser frívolo, promis-
cuo e irrelevante" (Halberstam, 2018, p.18). El humor y la
estética camp, por lo tanto, son elementos clave de las propuestas mamarrachas: permiten una forma de resistencia
que refuerza los lazos internos y crea un sentido de identidad compartida.

Desde el cine porno también se cuelan propuestas mamarrachas de la mano de la sexóloga y artista multifacética

Annie Sprinkle, quien ha incorporado la perspectiva feminista y lésbica en sus películas y otras producciones artísticas, siempre desde un posicionamiento pro-sexo. La revisión de su obra puede suponer un punto de partida para el debate en torno a las prácticas sexuales lésbicas, y poder explorar tópicos en los discursos normativos sobre la sexualidad y el deseo. Debemos recordar que "negar, silenciar y estereotipos es una forma de control" (Viñuales, 2002, p. 96), y la sexualidad lésbica ha sido sistemáticamente negada, silenciada y estereotipada. A diferencia de muchas representaciones hegemónicas del lesbianismo, que suelen ser construidas desde la mirada masculina, el trabajo cinematográfico y performático de Sprinkle muestra cuerpos y prácticas no convencionales, alejándose de los ideales normativos de la feminidad y del deseo, en favor de un *postporno* feminista y queer. Visionar alguna de sus obras puede abrir espacios de diálogo sobre la autonomía sexual y la experimentación en el deseo lésbico, incluyendo prácticas que han sido históricamente invisibilizadas o estigmatizadas dentro de la comunidad lésbica, como el uso de juguetes sexuales, la penetración o el fetichismo. También los talleres de val flores[20] exploran la importancia de los roces, los cuerpos y el placer sexual como aprendizaje. De esta manera, se contribuye a romper con el tabú en torno al placer femenino y lésbico, incluyendo el de que "a las lesbianas les cuesta *hablar de sexo*" (Viñuales, 2002, p. 97) y que "todas las lesbianas son más afectivas que sus homónimos gays, en suma, *más románticas*" (Viñuales, 2002, p.

---

20 Para más información ver https://escritosarheticos.blogspot.com/
2024/06/entre-mis-dedos-chorrea-el-fuego-de-tus.html
https://escritoshereticos.blogspot.com/2024/04/placeres-desorientados
-el-oficio-de-una.html

98). Evidentemente, se deben tener en cuenta las preferencias y el posible hermetismo de las participantes. Cualquier dinámica, cinefórum, o debate que incorpore temas altamente sensibles debe ser llevado a cabo desde el juego y el disfrute, sin provocar angustia o incomodidad.

No solo ponemos el cuerpo en el presente. La revisión de nuestros archivos personales puede suponer un auténtico descubrimiento de cómo poníamos ya el cuerpo mamarracho y bollero en el pasado, incluso de manera totalmente inconsciente. Los momentos de jugar a disfrazarse, la imitación de roles de adultos, los deportes, etc., son potenciales grietas dentro de una sociedad cisheteronormativa, dejando entrever el sujeto mamarracho de la infancia y adolescencia libre de las represiones ordinarias. Sumergirnos en nuestro pasado nos permite advertir momentos de lucidez mamarracha y bollera en infancias y adolescencias por otra parte repletas de incomodidad. Estas instancias son nuestros propios ejemplos de carnavalización, un espacio-tiempo de libertad y locura transitoria permitida. Las fotos y vídeos de la infancia nos ayudan a indagar en estas instancias y, desde el humor y la autoparodia, podemos reescribir nuestra propia historia abriendo un proceso de reconciliación y sanación de las heridas.

Una propuesta mamarracha que funciona, a la vez, como archivo físico de estos materiales, es la creación de fanzines[21] mamarrachos y bolleros. Pintar, dibujar, intervenir

---

21 El fanzine es, por su propia naturaleza, un artefacto queer: escurridizo, subversivo, incapaz de someterse a ninguna norma. Aunque el formato más tradicional consiste en una publicación casera, casi improvisada y de bajo presupuesto, en estos últimos años han surgido múltiples variantes, como la edición en formato digital y el fanzine sonoro. Los fanzines sonoros presentan numerosas virtudes como método alternativo para reflejar emociones, sentires, experiencias. Su potencial como herramienta queer y crip está por explorar. Como ejemplo, se puede consultar el fanzine au-

fotos, recopilar chistes y anécdotas, y hacerlo junto a otras lesbianas, supone una oportunidad para compartir experiencias vitales, reconstruir relatos del pasado y resignificar el pasado. Los fanzines elaborados de manera colaborativa tienen un potencial transformador para las participantes, además de ser útil herramienta para conjugar el espacio crítico y la emancipación de la lesbiana como sujeto consciente y empático (bollero), dando como resultado un *artchivo* colectivo de resistencia. El fanzine se adscribe, por tanto, a una práctica artística contracultural usada por medios underground como "estrategia política para poner en circulación sus intereses y demandas, publicando y haciendo red" (Gelen Jeleton, 2016a, p. 31), ocupando un espacio periférico en el que se solapa el contenido político-activista y la creación artística, siempre desde un punto de vista marginal. Inevitablemente, esta manera de hacer nos proporciona la oportunidad de "deambular por las orillas del saber normalizado al que cuestiona desde su provisionalidad y la furia callejera" (flores, 2013, p. 32). Los fanzines hacen uso de diversas técnicas y expresiones artísticas y discursivas: fotos intervenidas, collage, humor e ironía, cómic, eslóganes reivindicativos, poesía, dibujos y textos personales, escatología y provocación, etc., posicionándose en lo contracultural y reflejando "la incomodidad o la necesidad de separarse del arte con mayúsculas" (Gelen Jeleton, 2016a, p. 128). Por ello, son cercanos, con un lenguaje callejero y vivo, que capta la urgencia, el sentir y la voz de aquello que no tiene voz ni relevancia para la cultura

---

diovisual "Al ras" realizado por el laboratorio de investigación, formación, reflexión y creación #ToQueerLAB (Filosa Menorca). Se trata de un archivo testimonial del taller "Pequeñ*s investigador*s fugitiv*s: escrituras, cuerpos y pedagogías queer" llevado a cabo por val flores en Mallorca en 2024: https://www.youtube.com/watch?v=OeWC_NpoGhA

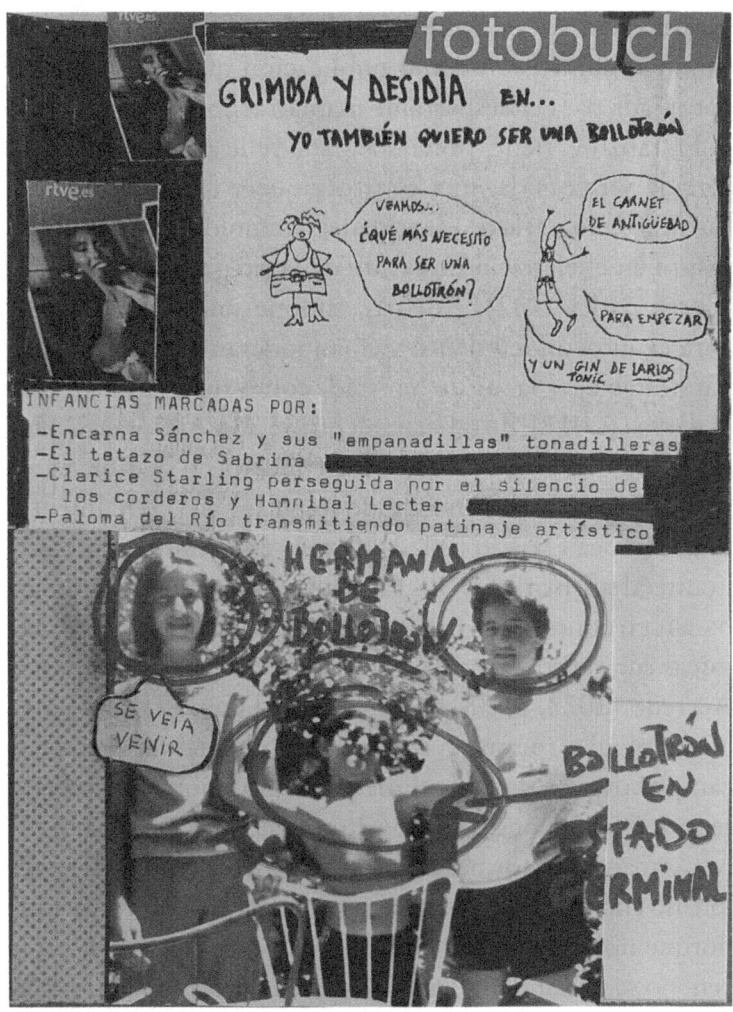

hegemónica. Así, los recursos lingüísticos se reflejan en el uso del argot, los tachones, las faltas de ortografía; y todo esto va acompañado de imágenes impactantes, desnudos, material que sería calificado como soez o desagradable en otros ámbitos, al igual que juegos de palabras, y una estética que puede recordar a la obra de Barbara Kruger o del colectivo feminista Guerrilla Girls. De esta manera, los fanzines logran zafarse de cualquier definición constreñidora, reforzando su dimensión como publicación queer y crip, muy apropiada para el desparrame mamarracho.

El fanzine tiene potencia para reflejar una escritura torcida y retorcida, una escritura queer que "no trata de historias, biografías e identidades premoldeadas, más bien insiste en el ejercicio incesante de la pregunta y la crítica" (flores, 2013, p.32). Además, supone una útil estrategia para el autoconocimiento y el empoderamiento, así como para establecer lazos de amistad, como mantiene Andrea Galaxina (2017), de tal manera que se abre una puerta para que el sujeto lesbiano sea también bollero, en su dimensión activista y reivindicativa desde los márgenes. Igualmente, Laura López Casado (2022) destaca este componente militante al afirmar que "los fanzines son creados y circulan para ir en contra de la normatividad, saliéndose de las dinámicas capitalistas y hegemónicas" (p. 227). Como apunta Acereda (2023, p. 88), "la creatividad como herramienta metodológica permite conectar lo chirriante, aparecen campos nuevos de conocimiento, fabricaciones nuevas de sentido". Así, nuestro propósito es encontrar las fisuras, y rescatar aquellas formas de hacer "ausentes por no ser la norma, no encajar en lo concreto, en lo correcto y lo conocido; porque no suenan, no han sido nombradas, no se reconocen, no se entienden, llamadas y sentidas como la otredad" (Gelen Jeleton, 2016b, p.123). En este sentido, el fanzine mamarracho debe ser encarnado y vivido, el resultado de poner el cuerpo y de la responsabilidad compartida.

Por otra parte, el fanzine supone una pequeña contribución a la memoria colectiva en forma de archivo queer. Como sostiene Derrida (1997), el archivo no es solo un lugar neutro de almacenamiento, sino que está implicado en procesos de selección y exclusión que pueden ser polí-

ticos, además de culturalmente determinados. El archivo, por tanto, está implicado en la construcción de la verdad y la autoridad. Un fanzine mamarracho y bollero anhela ser *artchivo* que combata esa verdad única monopolizada por la visión heterocentrada. A tal efecto, la propuesta mamarracha se construye colectivamente y desde posiciones marginales, de manera que:

> (...) la verdad de la minoría pueda persuadir a los normativos para permitir la diversidad de los otros y, al posibilitar la presencia del otro, quizás transforme —en el nivel de estos sentimientos bien transferibles— sus actitudes racistas, sexistas y heterocéntricas. (Britzman, 2016, pp. 23-24)

La técnica del blackout (revelación u oscuridad), aunque en principio se aleja de ese concepto de "poner el cuerpo", también es una herramienta para canalizar la expresividad bollera y mamarracha. Se trata de una técnica muy flexible, que permite múltiples formatos, no requiere grandes habilidades

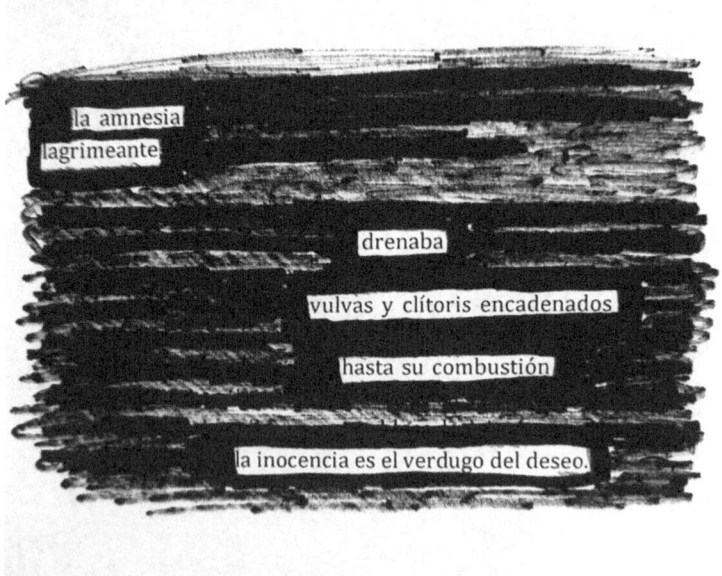

artísticas, y se puede hacer de manera colaborativa o como ejercicio individual. Esta técnica, mediante la manipulación de textos ya escritos, permite expresar de manera simbólica y artística las experiencias y memorias, ayudando a articular lo que el silencio ha reprimido o escondido. La actividad puede llevarse a cabo en grupos, permitiendo que las participantes discutan sus selecciones de palabras y sus motivos, facilitando la creación de una narrativa compartida.

Partiendo de hechos e imágenes grabadas a lo largo de sus vidas, se pretende hacer un relato desde la intimidad, y llegar a la verdad subjetiva y encarnada. Se trata, por lo tanto, de un conocimiento parcial y encarnado, pero que busca conectar con otras:

> No buscamos la parcialidad porque sí, sino por las conexiones y aperturas inesperadas que los conocimientos situados hacen posibles. La única manera de encontrar una visión más amplia es estar en algún sitio en particular. La cuestión de la ciencia en el feminismo trata de la objetividad como racionalidad posicionada. Sus imágenes no son el producto de la huida y de la trascendencia de los límites de la visión desde arriba, sino la conjunción de visiones parciales y voces titubeantes en una posición de sujeto colectivo que prometa una visión de las maneras de lograr una continua encarnación finita, de vivir dentro de límites y contradicciones, de visiones desde algún lugar. (Haraway, 1995, p. 339)

De esta manera, se pueden crear vínculos entre las diferentes historias compartidas por las participantes, analizando las interconexiones, comparando y apreciando las similitudes y las diferencias entre las variadas experiencias de cada una. Así, esta dinámica se convierte en un instrumento de colectividad.

Para lesbianas mayores, especialmente aquellas con una expresión de género masculina, las prácticas terapéuticas que integran cuerpo, mente y emociones pueden ser especialmente transformadoras. En este sentido, la práctica de Playfight representa una herramienta para la autoexploración y una manera de "divertirse, conocer gente y abrirse un poco" (Wästerfors, 2014, p. 26). En muchos casos, las lesbianas mayores han vivido bajo el peso de una normatividad que les ha privado de la oportunidad para la libre expresión. En estos casos, la confrontación lúdica que caracteriza esta práctica puede ayudar a romper con la represión emocional y la desconexión con sus propios cuerpos. Además, puede ser un vehículo idóneo para profundizar en sus redes de amistad, puesto que "el contacto físico dentro de un marco de juego simboliza una relación amistosa ya establecida, pero también esfuerzos para acentuar o lograr dicha relación" (Wästerfors, 2014, p. 13). Playfight nace como una terapia basada en un ambiente de confianza, respeto, consentimiento y comunicación. A través de movimientos lúdicos, las personas participantes interactúan físicamente en un formato similar a una lucha amistosa, sin hacer daño, y permitiendo tocamientos que, como indica Wästerfors, en otros contextos podrían considerarse "extraños, violentos o sexuales", pero que "pueden enmarcarse como perfectamente correctos, al menos temporalmente y en determinadas formas y cantidades" (2014, p. 13). En el caso de lesbianas con dificultades para expresar sus emociones, esta práctica puede suponer contribuir a canalizar su expresividad a través de la comunicación no verbal.

Desde una perspectiva mamarracha, Playfight es otro instrumento a nuestra disposición para retorcer las normas sobre el género, la edad, y el deseo, desde el juego y el contacto físico. Al asumir una actitud más lúdica y espontánea, las lesbianas mayores y camioneras pueden desafiar las expectativas sociales que las encasillan en la sobriedad y la

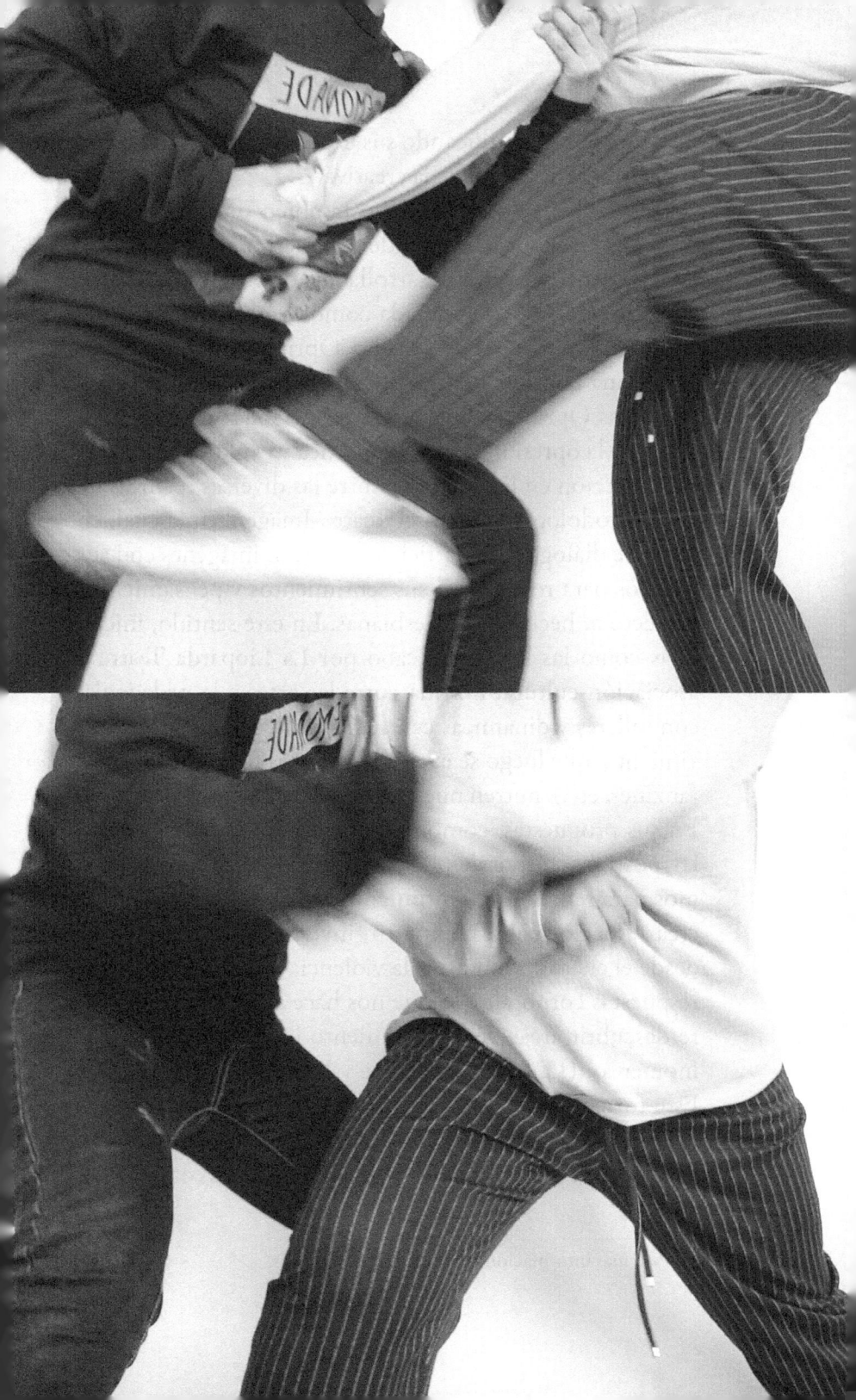

invisibilidad, resignificando sus experiencias de vida desde el placer y la desobediencia creativa.

De manera similar, el teatro también ofrece múltiples enfoques mamarrachos desde el cuerpo, especialmente desde la metodología desarrollada por Augusto Boal en la década de 1970 y conocida como Teatro del Oprimido (adaptado aquí a Teatro de las Oprimidas). Concebido como una herramienta de resistencia y liberación, el Teatro de las Oprimidas busca que las personas participantes analicen la opresión de manera crítica y exploren alternativas de acción en la vida real. Entre las diversas técnicas de esta metodología, destaca el Teatro-Imagen, en la cual, en lugar de diálogos, las participantes crean imágenes con sus cuerpos para representar sus sentimientos y pensamientos respecto al hecho de ser lesbianas. En este sentido, iniciativas como las llevadas a cabo por La Lioparda Teatre[22], asociación cultural híbrida entre las artes y la pedagogía, con talleres y dinámicas centradas en lo corporal y el movimiento, que luego se expanden a otros formatos (vídeos, fanzines, etc.), nutren nuestras posibilidades mamarrachas. En sus propuestas, combinan la creación de mondongos, las posturas corporales y la performance como mecanismos para representar sentimientos reprimidos, intentando crear espacios para "compartir, investigar y explorar de y desde el cuerpo, y detectar la violencia a través de nuestras respuestas corporales, lo que nos hace de espejo y permite re-descubrir áreas del conocimiento inexploradas hasta el momento" (La Lioparda Teatre y Ben Amics, 2021, p. 7). Este formato es especialmente atractivo para las lesbianas mayores que presentan dificultades en el momento de verbalizar sus emociones. Trabajar desde enfoques corporales y

---

22 Para más información ver https://lalioparda.es/

visuales supone una vía alternativa para llegar al mismo objetivo: encontrar las fisuras en el muro de silencio lesbiano. Esta hibridación de propuestas está representada también por el colectivo artístico, transfeminista y sexo-disidente O.R.G.I.A[23]. Tanto en sus proyectos de investigación como en su producción artística multidisciplinar exploran, entre otros, el concepto de masculinidad y el travestismo como herramienta para desmontar aquello que interiorizamos como natural. Sus artículos académicos se sitúan en los enfoques pro-sexo y queer, y son, por lo tanto, material a tener en cuenta en posibles ejercicios de lectura colectiva sobre las prácticas sexuales lésbicas, u otras dinámicas:

> En este sentido, no olvidemos que el dildo supone un desafío a la sexualidad no reproductiva. Esto, sumado a su condición de instrumento para el placer y el disfrute usado principalmente por mujeres (heterosexuales, lesbianas, bisexuales), transexuales, pansexuales y hombres gays, ha supuesto y supone un desafío para el sistema patriarcal y sus reglas canalizadas a través de la medicina, la jurisprudencia o la pornografía normativa. (O.R.G.I.A., 2017, p. 157)

Son, todas ellas, propuestas mamarrachas y su revisión y estudio puede reforzar este entramado de estrategias para desestabilizar el sistema y, a la vez, contribuir al desarrollo personal de las lesbianas mayores.

Hasta aquí he tratado de presentar una paleta de propuestas para fortalecer la perspectiva mamarracha, bollera y queer, pretendiendo contribuir al "ensamblaje de tecnologías de resistencia que incluyan la colectividad, la imaginación y una especie de compromiso situacionista con la sorpresa y el escándalo" (Halberstam, 2018[2011], p. 39) para desarrollar un sujeto postfeminista capaz de

---

23 Para más información ver https://www.orgiaprojects.org/

afrontar los retos del envejecimiento de una manera saludable y empoderadora. Además, se pretende una reflexión crítica que permita desestabilizar estructuras normativas:

> Se trata de promover una concepción del sujeto como existencia compleja, multidimensional y encarnada, ya no meramente subyugado a los marcos de regulación social sino en diálogo y disputa con ellos, desde una reflexividad corporal radical inmersa en procesos —conscientes o no— de reapropiación subversiva de algunos de sus presupuestos y tecnologías. (Pons, 2018, p. 74)

Así, los talleres de drag king, la performance, las técnicas artísticas que desatan nuestra creatividad más payasa, tienen un poder multifuncional, que pueden contribuir al desarrollo personal y a-normal en diferentes estadios y modos. Estas estrategias no convencionales ofrecen un punto de partida sólido para explorar temas que pueden ser de interés para las lebianas mayores a través del poder sanador que aporta el humor, lo absurdo y la solidaridad.

SALIR DE LA CRISÁLIDA.
¿CONCLUSIONES?

*más conocimiento rebelde,
más preguntas y menos respuestas*

JACK HALBERSTAM

Las lesbianas mayores enfrentan una serie de dificultades que derivan de la intersección entre edadismo, sexismo y lesbofobia. Las vidas lesbianas se caracterizan, en muchos casos, por períodos y parcelas de ocultación y visibilidad, silencio, y un grado importante de incomodidad con el entorno que les rodea. Las dinámicas de ocultación y revelación que rigen las vidas lesbianas pueden llevar a muchas a un hermetismo profundo y dificultades de socialización. Como apunta Viñuales, "el miedo a la soledad y al aislamiento configura una percepción de dificultad respecto a la posibilidad de establecer relaciones de amistad o de pareja que, para algunas, acabará siendo una profecía autocumplida" (Viñuales, 2006[1999], p. 62).

Las lesbianas mayores pueden haber crecido en contextos donde la heterosexualidad era la única opción visible y aceptable, lo que las ha llevado a vivir su orientación sexual en la privacidad. Igualmente, muchas de ellas han pasado gran parte de su vida tratando de encajar o intentando pasar desapercibidas en entornos hostiles y, por ello, pueden arrastrar sentimientos de vergüenza o culpa. A diferencia de otras personas mayores que suelen apoyarse en la familia tradicional, a menudo las lesbianas construyen redes afectivas alternativas, apoyándose principalmente en su grupo de amigas lesbianas. La bollipandi ofrece un soporte emocional y una red para compartir intereses. Ante la falta de espacios donde socializar sin sentirse fuera de lugar, la bollipandi supone el mecanismo a través del cual las lesbianas mayores articulan su vida social, permitiéndoles ir a bares o encuentros no específicos para lesbianas con la seguridad que proporciona el grupo. La bollipandi es, por lo tanto, un elemento clave en el devenir mamarracho. Sin la bollipandi, salir de la crisálida y lanzarse hacia el abismo de la vida plena resulta difícil para una lesbiana mayor. La actitud mamarracha, entendida como el derecho a la imperfección, al desorden y al placer sin culpa, desafía las expectativas de que las lesbianas deben ser siempre discretas y permanecer invisibles. Adoptar una postura más mamarracha les permite, por lo tanto, deshacerse de esas cargas y experimentar el aspecto lúdico de la vida sin autocensura. Ser mamarracha es una forma de desobediencia: reírse de las normas, desafiar el decoro y habitar el mundo sin miedo es un acto de resistencia. Como decía Monique Wittig, las lesbianas han sido vistas como monstruos, pero abrazar esa monstruosidad con humor y arte puede ser una de las formas más potentes de vivir en libertad. Las estrategias mamarrachas recogidas en estas páginas tienen como objetivo último abrazar el monstruo y, de esta manera, contribuir al desarrollo personal y a-normal de las lesbianas mayores. Estas prácticas permiten explorar el cuerpo y la identidad desde el juego, alejándose de la rigidez de las normas sociales que condicionan nuestras vidas. Igualmente, nos permiten encontrar las fisuras en el muro de silencio lesbiano, y así, desatar la risa y dejar espacio a la exageración, lo grotesco y lo absurdo. También nos ofrecen la oportunidad para la reflexión. Las perspectivas mamarrachas comparten un enfoque crítico hacia las identidades normativas, abogan por la fluidez y la construcción social de la identidad, y destacan la importancia del cuerpo, la performatividad y la diversidad en la comprensión de los sujetos posfeministas.

Participar en talleres de creación artística y asumir una actitud más mamarracha en la vida puede traer numerosos beneficios a las lesbianas mayores, tanto a nivel emocional como social y político. El arte y el juego facilitan la comunicación no verbal, lo que puede ayudar a romper barreras de inseguridad o aislamiento. Desde esta perspectiva mamarracha, la creación artística se resignifica en producción de mondongos que abran paso tanto a la reflexión como a la risa. Los mondongos permiten canalizar emociones, especialmente aquellas que han sido reprimidas a lo largo de los años debido a la lesbofobia o el miedo al rechazo. Además, participar en espacios de creación de mondongos o performances mamarrachas fomenta la conexión con otras lesbianas, generando redes de cuidado y amistad.

¿Qué aporta esta propuesta mamarracha? El humor y la perversión. La risa como mecanismo de escape, transgresión y defensa. La risa puede ser una herramienta social poderosa. Compartir chistes o situaciones cómicas fortalece las conexiones con otras lesbianas, proporcionando un sentido de pertenencia y apoyo social que contribuye al afrontamiento de situaciones difíciles. Retomando los planteamientos de Bajtin (2003), éste describe la risa "grotesca" —en el contexto del carnaval— como una risa que no se enfoca en la burla individual, sino que se dirige hacia las instituciones y las normas. Se trata de una risa que desestabiliza lo establecido y permite la expresión de la multiplicidad y la diversidad. Además del humor, el sujeto mamarracho aboga por el fracaso, en términos de no cumplir con las expectativas sociales y normas tradicionales, lo que puede ser una forma poderosa de resistencia queer (Halberstam, 2018). De esta manera, la mamarracha cuestiona y desafía las normas convencionales de éxito y felicidad, en una propuesta donde el fracaso puede abrir nuevas posibilidades y maneras de vivir fuera de las construcciones normativas de la sociedad. Porque, como apunta Vidiella (2010), no se trata solo de "deconstruir las representaciones normalizadoras, porque al centrarnos en ellas terminaríamos por reproducirlas, sino también en recuperar y generar otras identificaciones críticas que superen el concepto estanco de identidad, sea desde el exceso, la fantasía, la parodia, etc." (Vidiella, 2010, p. 16).

En cuanto a las diferentes dinámicas que pueden formar parte de una investigación mamarracha encontramos la performance, el teatro de las oprimidas, el drag, el collage, la fotografía, y las técnicas de escritura más experimentales, entre otras. Nos referimos, por tanto, a enfoques y dinámicas que permitan el autoconocimiento y que desarrollen el humor autorreferencial como mecanismo de desinhibición, sin necesidad de habilidades previas, y que se centren en el propio cuerpo como herramienta para el activismo. Los sujetos mamarrachos "ponen el cuerpo", encarnando y visibilizando la disidencia de manera radical. Para la elaboración de nuestros mondongos, recurrimos a la (auto) etnografía, las memorias, o cualquier elemento que desvele diferentes significados para las participantes, facilitando el acercamiento y la identificación entre diferentes subjetividades. Compartir parcialidades y fragmentos es un proceso que ayuda a dar cuenta de esta contrahistoria. De esta manera, se pretende llegar a ese conocimiento situado y encarnado defendido por Haraway (1995). Recurrimos también al enfoque fanzinero, siguiendo la propuesta de

Sentamans (2023), basado en tres pilares: hazlo tú misma + hazlo con otras + hacedlo juntas. Se trata de una estrategia para fomentar redes de apoyo entre personas que comparten experiencias similares y, de esta manera, construir formas de resistencia colectiva. Al apropiarse del juego y del absurdo, las lesbianas mayores pueden resignificar su lugar en la sociedad desde una postura más libre y crítica. Estas estrategias permiten romper con la idea de que la madurez implica seriedad o renuncia, y tiene un efecto reparador y terapéutico para aquellas lesbianas que no han disfrutado plenamente de su adolescencia o primera juventud. Desde este enfoque sostenemos que la combinación de arte y mamarrachismo permite sanar heridas del pasado y al mismo tiempo abre la puerta a un envejecimiento más gozoso, rebelde y colectivo.

Aunque muchas de estas propuestas se formulen desde la positividad, se hace palpable el espíritu de ruptura y disidencia que encarnan, recreando un universo simbólico en el cual la marginalidad de la lesbiana es un lugar de liberación. De esta manera, se abre camino a una cultura queer que no se disculpa ni se limita a estereotipos respetables. Esto representa un cambio hacia un lesbianismo expansivo, que abraza lo diverso y no teme romper con los moldes tradicionales, retomando la idea de un un nuevo paradigma donde los sujetos mamarrachos y bolleros sean motor y agentes de cambio:

> Las lesbianas feministas pretendemos amar, sí, pero hacerlo de una manera distinta, vivir diferente, consolidar nuevas estructuras, sociales y políticas que abracen y pongan en valor la diversidad, que contribuyan a la destrucción de un sistema, el heteropatriarcado, en el que no queremos hueco. (Momoitio, 2021)

Este trabajo tiene como propósito no sólo reflejar la existencia sino explicitar la necesidad de la propia existencia de los sujetos mamarrachos. El sujeto mamarracho emerge como una figura disruptiva dentro de las dinámicas sociales normativas, encarnando una estética y una actitud que desafían las estructuras rígidas del orden, la disciplina y la coherencia impuesta por la cultura dominante. Lejos de ser una simple categoría despectiva, el sujeto mamarracho representa una identidad en fuga, una práctica que se inscribe en la excentricidad, el desborde y la imperfección, reivindicando lo absurdo y lo caótico como espacios de resistencia y creatividad. En este sentido, los actos mamarrachos no solo son deslices en el decoro social, sino ejercicios de reapropiación del espacio público, de transgresión de lo establecido y de experimentación con lo imprevisible.

La importancia del sujeto mamarracho radica en su capacidad para poner en cuestión la noción de fracaso y error, transformándolos en motores de creatividad y de resignificación. Frente a la tiranía del éxito y la imagen pulida, el mamarracho celebra lo inacabado, lo improvisado y lo inesperado. Así, su potencia no radica en una lógica de oposición frontal a las estructuras dominantes, sino en su capacidad para corroerlas desde dentro, deslizándose entre lo cómico y lo grotesco, entre lo festivo y lo irreverente. Como sostiene Halberstam (2018), estos sujetos promueven modos de vida alternativos y, en este sentido, son fundamentales para el cambio social:

> Por medio del uso de manifiestos, una serie de tácticas políticas y nuevas tecnologías de representación, personas utópicas radicales siguen explorando formas de estar en el mundo y de estar en relación unos con otros, diferentes de aquellas que ya vienen estipuladas para el sujeto consumista y liberal. (Halberstam, 2018, p. 14)

La subversión implica desafiar las normas establecidas, promover la diversidad y construir alternativas que cuestionen la uniformidad cultural y social. Un mundo homogéneo tiende a uniformizar las culturas, las identidades y las experiencias, eliminando la riqueza inherente a la diversidad. El sujeto mamarracho pretende ser, por lo tanto, una apuesta para un mundo plural. La performatividad y el aprendizaje por modelado, así como los rituales, son también parte de quienes somos y de donde venimos. En este sentido, es un objetivo mamarracho el reivindicar la pluma como estrategia amenazante contra el sistema machista. La lesbiana marimacho o camionera, en su valor simbólico de no-mujer, rechaza la sumisión al hombre y a los roles de género tradicionales. Su alto grado de visibilidad supone una desestabilización de cualquier sistema basado en el binarismo de género, y un atrevimiento al plantear un modelo alternativo de vida.

Este enfoque, por tanto, va más allá del abordaje de la invisibilidad lesbiana y su nivel de participación social, o del análisis de las causas de la lesbofobia, en favor de una propuesta que permita explorar las estrategias que facilitan la canalización expresiva de las lesbianas y que pueden tener un impacto positivo en su bienestar general. Se pretende mejorar la percepción de la propia orientación sexual, contribuir al empoderamiento, y desarrollar un espíritu crítico. Explorar nuestro lado más mamarracho a través de la creación artística puede ayudarnos a constituirnos en sujetos emancipados y vivir nuestro lesbianismo de manera saludable, además de convertirnos en agentes de cambio en favor de la diversidad.

Esta propuesta, en línea con lo que defiende Halberstam en su visión del feminismo gaga, busca también "la emancipación intelectual en nuevos modos de comunicación y nuevas formas de relación social" (Halberstam, 2012, p. 220). Halberstam presenta un feminismo gaga para las nuevas generaciones, un feminismo que abraza el exceso, los géneros ilegibles y la experimentación; aquí, en cambio, propongo un frente de liberación bollera y mamarracha para aquellas generaciones de lesbianas que no pudieron disfrutar de su adolescencia y primera juventud, que no han podido socializar con otras personas queer hasta la madurez, que mantienen o han mantenido parcelas de ocultación y parcelas de visibilización de su orientación sexual; en definitiva, todo un colectivo que ha permanecido sepultado bajo un muro de silencio. Al igual que Halberstam, esto es una invitación a desarmar la categoría "lesbiana" para, a continuación, reaarmarla de tal manera que también las lesbianas mayores podamos ser partícipes de un nuevo paradigma por venir.

REFERENCIAS

Acereda, Manuela (2023). BLABLABLA: Estrategias metodológicas en los márgenes. En T.Sentamans y R. Lozano (Eds.), *MUECA:S. Conversaciones sobre metodologías torcidas*, (pp. 81-90). Bellaterra.

Acereda, Manuela y Casado, Tatiana (2023). Profesorado LGBTIQ+ en el aula: vulnerabilidad y estrategias resilientes mediante prácticas artísticas. En J. Caballero (Ed.), *Con la cruz en la frente. Perspectivas y reflexiones LGTBIQ+ desde las artes y la educación*, (pp. 49-67). Dyckinson.

Amigo-Ventureira, Ana M. e Iturri, Malén (2023). El/la MUECA como metodología: un manifiesto inesperado. En T. Sentamans y R. Lozano (Eds.), *MUECA:S. Conversaciones sobre metodologías torcidas*, (pp. 123-139). Bellaterra.

Bajtin, Mijaíl (2003[1987]). *La cultura popular en la Edad Media y en el Renacimiento. El contexto de François Rabelais*. Alianza Editorial.

Balza, Isabel. (2013). Hacia un feminismo monstruoso: sobre cuerpo político y sujeto vulnerable. En B. Suárez (ed.), *Las lesbianas (no) somos mujeres: en torno a Monique Wittig*, (pp. 85-115). Icaria Editorial. Disponible en https://isabelbalza.net/UnFeminismoMonstruoso Balza.pdf

Britzman, Debora (2016). ¿Hay una pedagogía queer? O, no leas tan recto. *Revista de educación*, *9*, 13-34. Disponible en: https://salutsexual.sidastudi.org/resources/inmagic -img/DD57069.pdf

Butler, Judith (2007[1990]). *El género en disputa. El feminismo y la subversión de la identidad*. Paidós.

Casado, Tatiana; Tavares, Joao; Guerra, Sara, y Sousa, Liliana (2023). Leaving a mark and passing the torch: intended legacies of older lesbian and gay Spanish activists. *Journal of Homosexuality*, *70*(10), 2035-2048. https://doi.org/10.1080/00918369.2022.2048165

Choi, Soon Kyu y Meyer, Ilian (2016). LGBT Aging: A review of research findings, needs, and policy implications. The Williams Institute. Disponible en https:// williamsinstitute.law.ucla.edu/publications/lgbt-aging/

Derrida, Jacques (1997). *Mal de archivo. Una impresión freudiana*. Trotta.

EuroCentralAsian Lesbian* Community (EL*C) (2023): Making the invisible visible, a first analysis of older lesbians lived experiences [visibilizando lo invisible, un primer análisis de experiencias de vida de mujeres mayores lesbianas]. Disponible en: https://european lesbianconference.org/wp-content/uploads/2023/03/ Making-the-Invisible-Visible-an-analysis-of-older-les bians-lived-experiences_ELC-research.pdf

Feinberg, Leslie (2021). *Stone Butch Blues*. Levanta fuego.

flores, val (2013). *interruqciones. Ensayos de poética activista. escritura, política, pedagogía*. La Mondonga Dark.

Foucault, Michel (2003). *Hay que defender la sociedad*. AKAL

(Galaxina, Andrea) Díaz Cabezas, Andrea (2017). ¡Puedo decir lo que quiera! ¡Puedo hacer lo que quiera! Una genealogía incompleta del fanzine hecho por chicas. Bombas para desayunar.Disponible en https://archive. org/details/puedo-decir-lo-que-quiera-puedo-hacer-lo-que-quiera/page/n5/mode/2up

(Gelen Jeleton) Alcántara Sánchez, María Ángeles (2016a). *Una archiva del DIY (Do It Yourself): autoedición y autogestión en una fanzinoteca feminista-queer*. Universidad de Murcia (tesis doctoral). Disponible en https://issuu. com/gelenjeleton/docs/tesis_una_archiva_del_diy_ low/80

(Gelen Jeleton) Alcántara Sánchez, María Ángeles (2016b). Una Archiva del DIY: Autoedición y autogestión en artivismo feminista; entre anarchivos sentimentales y cuir. En *SOBRE*, *2*, 119-130. Disponible en https://revista-seug.ugr.es/index.php/sobre/article/view/5053/4873

Gimeno, Beatriz (2008). *La construcción de la lesbiana perversa*. Gedisa.

Gispert, Teresa (2024). Bollovieja: el Fanzine como propuesta metodológica basada en las artes para reflexionar sobre la madurez lesbiana. En R. Di Francesco y Víctor Luis Mora Gaspar (Eds), *I Congreso Internacional Mayores LGTBIQ+*, (pp. 25-32). Fundación 26 de Diciembre. https://www.fundacion26d.org/publicaciones

Goicoechea, Ángeles., Clavo, María José, y Álvarez, Remedios (2019). Feminismo y derechos para las mujeres homosexuales. *Feminismo/s, 33*, 297-322. https://doi.org/10.14198/fem.2019.33.12

Halberstam, Judith (2005). *In a Queer Time and Place: Transgender Bodies, Subcultural Lives*. New York University Press.

Halberstam, Jack (2012). *Gaga Feminism: Sex, Gender, and the End of Normal*. Beacon Press.

Halberstam, Jack (2018[2011]). *El arte queer del fracaso*. Egales

Haraway, Donna (1995). *Ciencia, cyborgs y mujeres. La invención de la naturaleza*. Cátedra.

Kennedy Toole, John (2006 [1980]). *La conjura de los necios*. Anagrama.

Kuiper, Nicolas; Martin, Rod y Olinger, Joan. (1993). Coping humor, stress, and cognitive appraisals. *Canadian Journal of Behavioural Science, 25*, 81-96.

La Lioparda Teatre y Ben Amics (2021). Claustres sense armaris. Una proposta d'investigació-acció participativa envers la LGTBIfòbia cap al professorat als espais educatius. Govern de les Illes Balears.
Disponible en https://benamics.com/investigacion/

Lima Caminha, Melissa (2016). *Payasas: Historias, Cuerpos y Formas de Representar la Comicidad desde una Perspectiva de Género*. Universitat de Barcelona (tesis doctoral).
Disponible en https://hdl.handle.net/2445/106705

López Casado, Laura (2022). El fanzine iberocuir: de discursos, estéticas y autorías precarias. *CONFLUENZE, 14*(2), 223-247. https://doi.org/10.6092/issn.2036-0967/15345

López Clavel, Pau (2015). Tres debates sobre la homonormativización de las identidades gay y lesbiana. *Asparkia: Investigació feminista, 26*, 137-153. Disponible en: https://dialnet.unirioja.es/servlet/articulo?codigo=5357133

Lozano, Rían (2010). *Prácticas culturales a-normales: un ensayo (alter)mundializador*. Universidad Nacional Autónoma de México.

McRuer, Robert (2006). *Crip Theory: Cultural Signs of Queerness and Disability*. New York University Press.

Meyer, Ilian (2003). Prejudice, social stress, and mental health in lesbian, gay, and bisexual populations: Conceptual issues and research evidence. *Psychological Bulletin, 129*(5), 674-697. https://doi.org/10.1037/0033-2909.129.5.674

Mirzoeff, Nicholas (2016). El derecho a mirar. *IC-Revista Científica de Información y Comunicación, 13*, 29-65.

Momoitio, Andrea (2021). *Lesbofobia o cómo demostrar que estás equivocada*. Pikara Magazine. https://www.pikaramagazine.com/2021/11/lesbofobia-o-como-demostrar-que-estas-equivocada/

Mujika, Inmaculada (2007). *Visibilidad y participación social de las mujeres lesbianas en Euskadi*. ARARTEKO.

O.R.G.I.A (Beatriz Higón , Carmen Muriana y Tatiana Sentamans) (2017). Dildo o disfrutador. En L. Platero; M. Rosón y E. Ortega (Eds), *Barbarismos queer y otras esdrújulas*, (pp. 152-160). Bellaterra.

Platero, Raquel (Lucas) (2009). La masculinidad de las biomujeres: marimachos, chicazos, camioneras y otras disidentes. En: Coordinadora Estatal de Organizaciones Feministas (CEOF): *Jornadas Feministas Estatales. Granada, 30 años después: Aquí y ahora*. CEOF, (pp. 405-411).

Pons, Alba (2018). Los talleres Drag King: Una metodología feminista de investigación encarnada. *Investigación teatral, 9*(13). Universidad Veracruzana.

Romero, Carmen y Platero, Lucas (2017). Butch/femme. En L. Platero; M. Rosón y E. Ortega (Eds), *Barbarismos queer y otras esdrújulas*, (pp. 56-64). Bellaterra.

Sedgwick, Eve (1998[1990]). *Epistemología del armario*. La tempestad.

Sender, Katherine (2004). Neither Fish nor Fowl: Feminism, Desire, and the Lesbian Consumer Market. *The Communication Review, 7*(4), 407-432. https://doi.org/10.1080/10714420490886989

Sentamans, Tatiana (2023). Esbozando una mueca: Notas sobre la investigación en artes desde perspectivas críticas. En T. Sentamans y R. Lozano (Eds.), *MUECA:S. Conversaciones sobre metodologías torcidas*, (pp. 17-63). Bellaterra.

Suárez, Beatriz (ed) (2013). *Las lesbianas (no) somos mujeres: en torno a Monique Wittig*. Icaria Editorial.

Torras, Meri (2011). Pensar la in/visibilitat:papers de treball. *Lectora: revista de dones i textualitat, 17*, 139-154.

Traies, Jane (2015). Old lesbians in the UK: Community and friendship. *Journal of lesbian studies, 19*, 35-49. https://doi.org/10.1080/10894160.2015.959872

Vergara Sánchez, Patricia Karina (2018). Apuntes sobre la cuerpa lesbiana https://www.la-critica.org/apuntes-sobre-la-cuerpa-lesbiana/

Vidiella, Judit (2010). Pedagogías de contacto: performance y prácticas de corporización, en Damiano Gilberto Aparecido; Pereira Lucia Helena Pena; Oliveira Wanderley C. (comp.), *Corporeidade e educação: tecendo sentidos...* (pp. 175-202). Cultura Acadêmica Editora.

Villena, Marta (2023). Que lo lesbiano no nos quite lo bollero. https://apoyopositivo.org/blog/que-lo-lesbiano-no-nos-quite-lo-bollero/

Viñuales, Olga (2006[1999]. *Identidades lésbicas*. Bellaterra.

Viñuales, Olga (2002). *Lesbofobia*. Bellaterra.

Wästerfors, David. (2014). Playfights as Trouble and Respite. *Journal of Contemporary Ethnography*. *45*(2), 1-30. https://doi.org/10.1177/0891241614554087

Wittig, Monique (1977 [1973]). *El cuerpo lesbiano*. Pre-textos.

Wittig, Monique (1992). *The Straight Mind And Other Essays*. Beacon Press.

AGRADECIMIENTOS

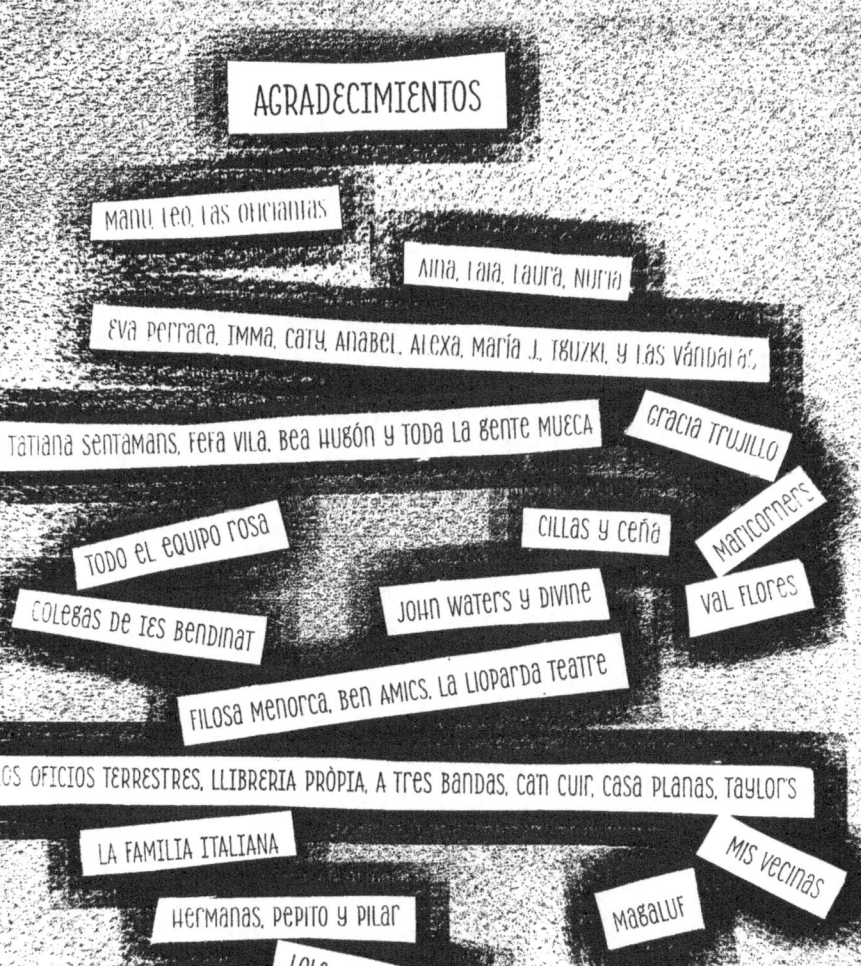

Manu, Teo, las oficiantas

Aina, Laia, Laura, Nuria

Eva Perraca, Imma, Caty, Anabel, Alexa, María J, Tguzki, y las vándalas

Tatiana Sentamans, Fefa Vila, Bea Hugón y toda la gente mueca

Gracia Trujillo

Maricorners

Todo el equipo rosa

Cillas y Ceña

Val Flores

Colegas de IES Bendinat

John Waters y Divine

Filosa Menorca, Ben Amics, La Lioparda Teatre

Los oficios terrestres, Llibreria Pròpia, A Tres Bandas, Can Cuir, Casa Planas, Taylor's

La familia italiana

Mis vecinas

Hermanas, Pepito y Pilar

Magaluf

Lola, Coco y Brusca

Y especialmente, mi agradecimiento eterno a Tatiana y a Carla. No solo aguantáis mis mierdas, sino que participáis activamente en ellas

GRACIAS, MAMARRACHAS

ÍNDICE

Bollera y mamarracha
de Teresa Gispert
compuesto con tipos Montserrat
en créditos y portadillas, y DGP
en el resto de las tripas,
maquetado bajo el cuidado de Daniel Vera,
y con la aprobación de Raúl Alonso
como editor de mesa de la obra,
se terminó de imprimir
el 26 de mayo de 2025,
ese mismo día de 1947
la actriz Ana Mariscal
protagoniza *Yerma* en Barcelona.

LAUS DEO